ゴジラを飛ばした男

85歳の映像クリエイター　坂野義光

構成／JUKE弘井

ゴジラ、ヘドラと握手をする坂野義光
（『ゴジラ対ヘドラ』ブロマイドコレクションより）
TM&©1971,2012 TOHO CO . LTD CAST

ゴジラを飛ばした男

85歳の映像クリエイター　坂野義光

目次

※本書は、２０１４年に電子書籍として発行された
『ゴジラを飛ばした男 Banno, the man flew GODZILLA Kindle 版』
を元に文章を加筆修正し、新章を加えて新たに構成したものです。

構成／ＪＵＫＥ弘井
装丁＆デザイン／荻窪裕司
ＤＴＰ／茂呂田剛［有限会社エムアンドケイ］

第1章　ハリウッド版『GODZILLA』

1：『ＧＯＤＺＩＬＬＡ』ＩＮ ＨＡＷＡＩＩ

２０１３年7月19日。ハワイ、オアフ島ホノルル近郊。

見上げるほど高い椰子が林立するビーチの向こうには青い海が広がっている。

そのビーチの一角には高さ17メートルほどの櫓が立てられ、上には水素爆弾が載っている。長さ約2メートル、胴回りの直径90センチほどもあろうか。

「レディ！　アクション！」

ギャレス・エドワーズ監督※の声でカメラが回りはじめ、海に向かって敷かれたレールの上を移動車が前進しながら櫓の上の水素爆弾へとパンアップしていく。

水素爆弾のボディには〟ＧＯＤＺＩＬＬＡ３Ｄ〟と書かれていた。

その光景を見つめているひとりの日本人がいる。

名は坂野義光。

この日、坂野義光はエグゼクティブ・プロデューサーとしてクランクアップを迎えるハリウッド版『ＧＯＤＺＩＬＬＡ』のハワイロケに立ち会っていた。

ギャレス・エドワーズは新進気鋭の36歳。自身の第1作劇場用映画『モンスターズ』で認められ、レジェンダリー・ピクチャーズのトーマス・タル会長の決断で『ＧＯＤＺＩＬＬＡ』の監督を担当することになった。

この日から3年前の2010年11月29日、坂野義光は来日したギャレス・エドワーズと品川のホテルで5時間にわたって話し合ったことがある。その時の印象は「感性、知性とも抜群に優れたイギリス人」というものだった。

ロケが小休止となった時、撮影監督のシェイマス・マクガーヴェイを含むメインスタッフ一同に対して、ギャレス・エドワーズが坂野義光を紹介した。

「バンノは『ゴジラ対ヘドラ』の監督だけど、クロサワアキラの助監督を4本もやっている。どの作品だったかな?」

突然、話を振られた坂野義光はにこやかに答えた。

「『蜘蛛巣城』、『どん底』、『隠し砦の三悪人』、『悪い奴ほどよく眠る』だね」

ギャレス・エドワーズがスタッフを見回して自慢げに胸を張った。

「みんな、知ってるか? 『隠し砦の三悪人』は『スター・ウォーズ』の原案になった作品だぜ? 凄いだろう?」

ギャレス・エドワーズの気遣いでもあったのだろう。坂野義光はスタッフたちから絶大なリスペクトを受けることになった。

ロケは輸送関係のスタッフまで入れると130人にもなる大掛かりなものだった。坂野義光が立ち会った撮影1日目は、椰子の林立する海岸で現地島民が爆発を見ているシーン。2日目は前述の水素爆弾。3日目は、ワイキキビーチで怪獣を恐れて人々が逃げ惑うシーンが撮影された。

主役を演じるアーロン・テイラー＝ジョンソン※が子供を抱えて救護所に立ち寄るショットは、撮影翌日、直ちにインターネットに載せられた。7月22日からサンディエゴで開催された大規模コンベンション『コミコン・インターナショナル』では、倉庫のような建物の中に東京の雑多な町並みを作り出し、『怪獣ラーメン』などという日本語の文字の看板も見られた。いずれもハリウッドならではのスピーディーで巧みな宣伝戦略だ。

撮影終了後、坂野義光はプロデューサー・ワゴンの映写装置で撮影済みのほとんどのイメージショットを見せてもらった。

「素晴らしい出来栄えだ」

満足した坂野義光は帰国後、ギャレス・エドワーズに手紙を送った。

「今までに見たことのないような素晴らしいショットを拝見して、とても嬉しく思っております。それぞれのショットは表現と意味が凝縮されて、『七人の侍』の映像を観るような印象を受けました。黒澤映画の素晴らしいところは、画面外の空間を感じさせるところにあります。貴方の映像にも同様の感銘を受けました。『GODZILLA』は興行的に成功するだけでなく、映画史に残る作品になるでしょう」

ギャレス・エドワーズからは喜びに満ちた返書が届いた。

《※》

ギャレス・エドワーズ
1975年生まれ。イギリスの映画監督。
BBCやディスカバリーチャンネルでの作品作りを手がけた後、映画監督デビュー作となった2010年の『モンスターズ／地球外生命体』で英国インディペンデント賞で3部門を受賞。気鋭の映画監督として注目を集め、ハリウッド版『GODZILLA』の監督に抜擢された。

アーロン・テイラー＝ジョンソン
1990年生まれ。イギリスの俳優。
子役として活躍した後、2009年の『ノーウェアボーイ　ひとりぼっちのあいつ』でジョン・レノン役を好演。同作を監督した23歳年上のサム・テイラー＝ウッドと結婚したことでも話題を呼んだ。アメリカンコミックを題材とした人気映画シリーズ『アベンジャーズ』ではクイックシルバー役を演じている。

ギャレス・エドワードと
ハワイロケにて

2：ハリウッド版『GODZILLA』誕生の経緯

坂野義光にとって今回のハリウッド版『GODZILLA』の企画がスタートしたのは封切りからさかのぼること10年前、2003年のことだった。

当時、坂野義光は72歳。長く映画界に身を置く重鎮であると同時に、日本の大型映像システム業界や海中撮影におけるパイオニア的存在として知られていた。

1980年代、バブル経済の時代に差し掛かりつつあった日本では多くの博覧会が開催された。そうした背景の中、1981年に神戸で開催された博覧会「ポートピア81」※のダイエー館で上映された「オムニマックス（アイマックスをドーム・スクリーンに映写する大型映像システム）」が評判となった。

アイマックスはカナダの映像会社が開発した映写システムで、1コマあたりのフィルムの面積を広くし、高精細度の映像を得られるようにしたものである。70ミリフィルムを送るための穴（パーフォレーション、pと略称する）が1コマごとに15個開けられていたため「アイマックス15／70」と呼ばれた。

この「ポートピア81」におけるオムニマックスの好評を受けて、1985年に開催が予定された「つくば博」※では企画段階からネコも杓子も大型映像システムを求めていた。

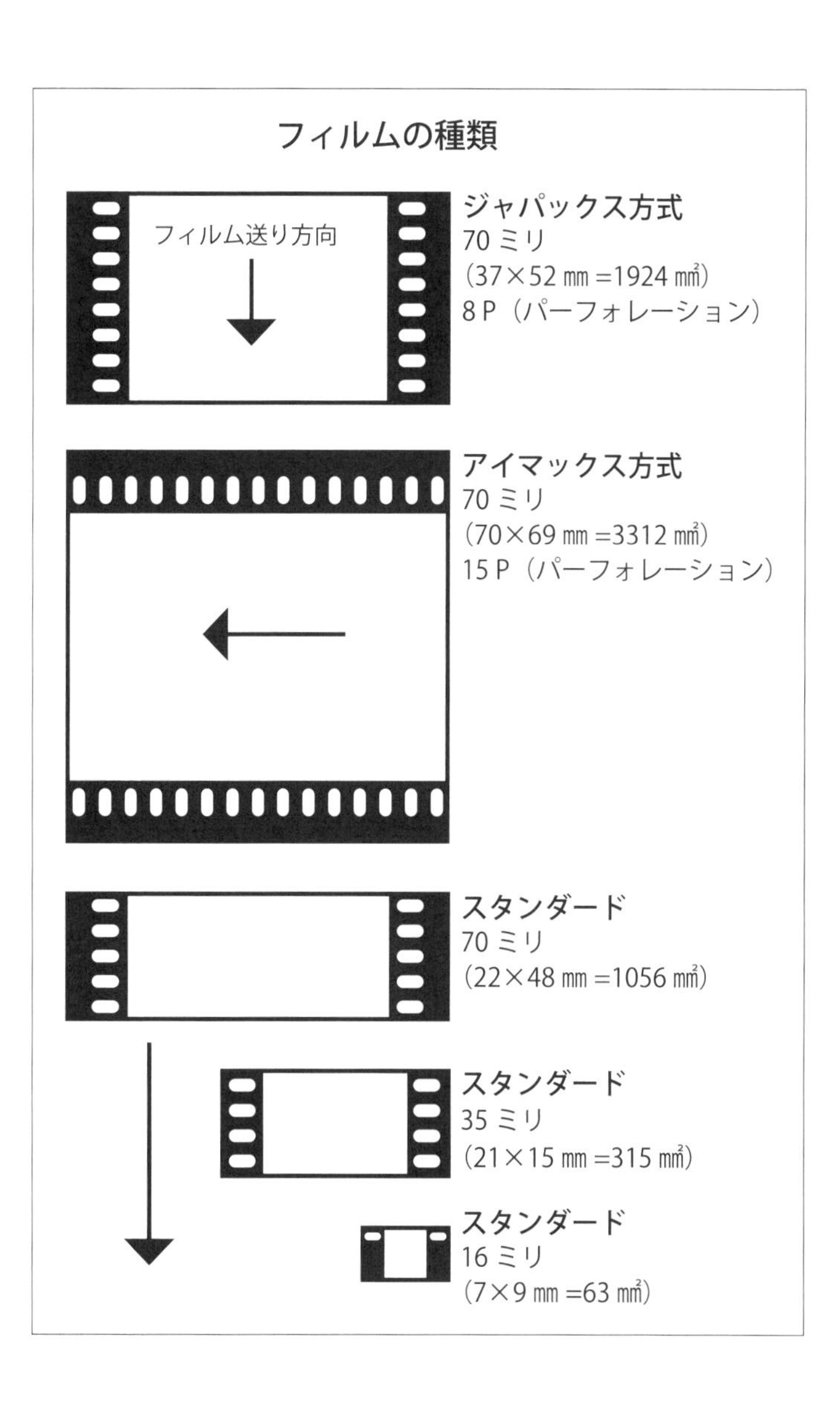
フィルムの種類
フィルム送り方向
ジャパックス方式
70ミリ
(37×52㎜=1924㎟)
8P(パーフォレーション)
アイマックス方式
70ミリ
(70×69㎜=3312㎟)
15P(パーフォレーション)
スタンダード
70ミリ
(22×48㎜=1056㎟)
スタンダード
35ミリ
(21×15㎜=315㎟)
スタンダード
16ミリ
(7×9㎜=63㎟)

つくば博の正式名称は「国際科学技術博覧会」。テーマは当然、「科学技術」だった。

坂野義光は単純にアイマックスを使用することに抵抗を感じていた。

「日本には優れた科学技術があるのだから、日本独自の新しい大型映像システムを開発すればいいではないか」

坂野義光は東宝映像美術、電通とともにカメラ、現像機器、映写機までの一環システムを開発するため奔走した。

カメラはセイキ、現像機器は東京現像所、映写機は10キロの水冷ランプを持っているという理由でウシオ・ユーテックに製作を依頼し、最大タテ20メートル、ヨコ24メートルのスクリーンに70ミリ映像を映写できる方式が完成。日本のメーカーが開発した初の70ミリ大型映像システムということで「ジャパックス・システム」と名付けた。1コマの大きさは、70ミリ、8パーフォレーションだった。

ジャパックスは「つくば博」をはじめ数多くの地方博覧会や科学館などで採用された。

1989年の「横浜博※」の三菱未来館では、オールCG、フルカラーで科学の進歩を描いた『イマジネーション』という作品をジャパックス2台映写による3D映画として上映に成功。この作品はフランス、韓国などにも売れ、利益を生み出すことができた。

また、1990年に北九州市にオープンしたスペース・ワールド「テーマ館」のシミュレーション映像『プラネット・クルーズ』は3億円をかけて10分間の映像を製作、15年間で800万人もの動員を達成した。

アイマックスをはじめとする大型映像館も全世界で300を越えていた。

「これからは大型映像の時代だ」

坂野義光は大型映像による『ゴジラ』の製作を企画。2003年にゴジラとヘドラのキャラクターを使用して、仕上がり40分の大型映像を製作する許諾獲得交渉を東宝と開始した。

当時の『ゴジラ』製作に関する著作権の窓口は東宝国際の寺田達が担当していた。1998年にハリウッド版[※]『ゴジラ』の第1作を製作したトライスターからゴジラの権利がすべて東宝に戻ってきていたこともあり、2004年11月1日、坂野義光が代表取締役を勤める先端映像研究所が最初のオプション契約金を支払って東宝との契約が成立した。

しかし、ここから坂野義光は、企画そのものが頓挫しかねない危機に何度も直面することになる。


最初に立ちはだかったのは資金調達の壁であった。

坂野義光は当初、製作費を6億円に設定していた。しかし、当時、日本で21館のアイマックス劇場が稼動していたものの、コンテンツ不足で閉館するところが出はじめていた。坂野義光は「世界での劇場は増加の傾向にあり、国際的に商売になる」と強調したが、なかなか信用してもらえず、日本国内での資金集めに苦戦した。

企画は最初の段階から頓挫するかに思われたが、思わぬ方向から希望の光が差し込んだ。

2005年夏、坂野義光はシカゴでの『ゴジラ対ヘドラ』上映会に招かれて渡米した。その時、アイマックス3D映画で『ジョーダン・トゥ・ザ・マックス』というヒット作を製作していたドン・ケンプというプロデューサーから声をかけられた。

「『ゴジラ』を3Dで製作できれば、150館のアイマックス3D劇場にブッキングすることが可能だ」

当時、一般映画劇場のデジタル映写による3D化が進み、全世界のアイマックス劇場も約300館のうち、その半数が3Dになっていた。ブッキングが可能であれば資金回収の目処をより具体的に出資者にプレゼンすることができる。

坂野義光は、その時点で作品の仕様を2Dから3Dに変更、6億円の製作費を9億円に増額して資金集めに奔走した。

さらに、その直後、2007年には北米の4000を越す劇場が3Dに転換することが決定した。

坂野義光のもとにドン・ケンプとは別のアメリカのプロデューサーからも申し入れがあった。

「もし、東宝から一般劇場用に『ゴジラ』のキャラクターを使用する許諾が取れれば、映画製作費は全額ハリウッド側で調達することができる」

坂野義光は朗報に胸を躍らせたが、すぐに大きな問題があることに気づいた。

劇場用映画となると約2時間。しかし、この時、坂野義光が東宝から取得していたのは、40分のアイマックス映画を製作する権利で、最大60分という制約があった。劇場用映画を製作する権利を取得するには、最初の契約金の3倍の金額を用意しなければならない。

「それでも、契約金さえ用意できれば……」

坂野義光は、さらなる奔走の末、信用ある会社と「2億円の企画費を出資する」という契約を締結した。

しかし、振込期日が来ても契約は実行されなかった。

映画製作資金への出資は、不履行だからといって取り立てる方法がない。

その一方で、当面支払わなければならない追加契約金の支払期限が迫っていた。

別口で5億円の契約が成立したが、これも実行されなかった。

「銀行への振込が実行されなければ、契約書は紙切れ同然。東宝への支払いが間に合わなければ計画は挫折し、これまでに支払った資金がムダになる……」

坂野義光の企画は資金調達の壁の前に頓挫するかと思われた。

《※》

ポートピア81
神戸ポートアイランド博覧会。「新しい〝海の文化都市〟の創造」をテーマに、1981年、神戸港に造られた人工島ポートアイランドにおいて開催された。来場者数は1610万人とされ、この博覧会の成功が1980年代後半の「地方博ブーム」の火付け役となった。

つくば博
国際科学技術博覧会。「人間・居住・環境と科学技術」をテーマに、1985年、茨城県つくば市において開催された。来場者数は2033万人を超え、当時の特別博覧会史上最高の入場者数を記録した。

横浜博
横浜博覧会。横浜市制100周年、横浜港開港130周年を記念して、「宇宙と子供たち」をテーマに、1989年、横浜市みなとみらい21地区において開催された。来場者数は1333万人を数え、「地方博ブーム」の代表的な成功例となった。

ハリウッド版『ゴジラ』第1作
1998年公開。トライスター・ピクチャーズ提供。セントロポリス・エンターテインメント作品。監督はローランド・エメリッヒ。ゴジラを着ぐるみを使わずCGで描いたことや、ゴジラのフォルムがイグアナに似た形状に変わっていたことなどから日本国内で多くの批判が出たが、世界全体で4億ドルの収益を上げるヒット作となった。

3：『ＧＯＤＺＩＬＬＡ』、スタート地点へ！

事態が好転する基盤となったのは斬新なプレゼン素材や新たなビジネステクニックといったものではなく、極めて個人的な「温情」だった。

資金調達に行き詰まった坂野義光は東宝の松岡功会長※に支払期限延期を求める手紙を二度、出した。

『ゴジラ対ヘドラ』における坂野義光の実績を評価してくれていた松岡会長は坂野義光の思いを受け入れてくれた。

そして、事態が一気に進む日が訪れた。

２０１０年3月、坂野義光はサロンフィルムズの社長、フレッド・ワンに招待され、香港映画祭に参加した。そこでワン氏主催のシンポジウムが開かれ、カナダのプロデューサー、クリス・ブロウと出会う。このクリス・ブロウの紹介によって、レジェンダリー・ピクチャーズのトーマス・タル会長に巡り会うことができたのだ。

レジェンダリー・ピクチャーズ※はトーマス・タル会長のリーダーシップのもとに、２００５年の『バットマン・ビギンズ』から始まって２０１３年の『パシフィック・リム』まで8年間で29本の映画を製作し、当時のハリウッドで最も急成長している会社だった。コンテンツは

『３００』ほか、『ダークナイト』や『インセプション』などアクションとサスペンスに溢れたＳＦも多く手がけている。

坂野義光とトーマス・タル会長による折衝の末、状況を打破するスキームができあがった。

坂野義光が代表を務める先端映像研究所が持っているゴジラのアイマックス映画化権をレジェンダリー・ピクチャーズに譲り、レジェンダリー・ピクチャーズが東宝と劇場用映画製作の契約を結ぶ。

レジェンダリー・ピクチャーズは、別途、先端映像研究所と契約し、先端映像研究所がこれまでに支払った経費を負担。坂野義光をエグゼクティブ・プロデューサーとする。

製作費はレジェンダリー・ピクチャーズとワーナー・ブラザースが折半する。

タイトルロールでは以下のように表記する。

製作：レジェンダリー・ピクチャーズ
配給：ワーナー・ブラザース
エグゼクティブ・プロデューサー：坂野義光
Ｔｈａｎｋｓ ｔｏ 株式会社先端映像研究所

２０１０年10月1日、坂野義光は『ＧＯＤＺＩＬＬＡ』のエグゼクティブ・プロデューサーとして、製作の統括責任者ジョン・ジャシュニや担当プロデューサー、アレックス・ガルシアと話をするため、レジェンダリー・ピクチャーズを訪ねた。

ジョン・ジャシュニは、いかにも映画人といった鋭い風貌の持ち主で、アレックス・ガルシアは現場で叩き上げたプロデューサーというタイプだった。

1時間ほど打ち合わせをしているうちに、英国紳士を絵に描いたようなジェントルマンが現れた。

トーマス・タル会長だった。

タル会長が最初に口にしたのは坂野義光への賛辞だった。

「君が監督をした『ゴジラ対ヘドラ』は、じつに印象的だったよ。なかでも、カラフルなアメーバーのイメージが蠢(うごめ)いているところは素晴らしいね！」

その後、会談は和気藹々(あいあい)と進んだ。

タル会長は幼い頃から『ゴジラ』シリーズを見ながら、『ゴジラ』とともに成長したとも告げ、別れ際には、ジョン・ジャシュニが坂野義光に対して『ゴジラ対ヘドラ』のレーザーディスクにサインを求めた。

ギャレス・エドワーズ監督が来日して坂野義光と会談した際にも、タル会長についてのことが話題となったこともあった。

当時はまだタル会長と面識がなかった坂野義光がギャレス・エドワーズにタル会長の印象を尋ねると、ギャレス・エドワーズは楽しそうに答えた。

「『モンスターズ』を観たトーマスから電話がかかってきたんだけど、最初に聞いた言葉は『つまらなかったよ』だったんだ。俺はがっくりきてね。『そうですか……、しかたがありませんね』って落ち込んでたら、彼は突然、笑い出して、『冗談、冗談！　いや、良くできていたよ』だって。あの時は、まさに地獄から天国へって気分さ」

ギャレス・エドワーズはＢＢＣが主宰したドキュメンタリー・コンテストの優勝賞金１５０万円で機材を買って、初めての監督作品となる映画『モンスターズ』の撮影を開始。監督・脚本からＣＧ技術まで一人でこなした。総制作費５０００万円という低予算作品だったが、この『モンスターズ』がタル会長に評価され、ギャレス・エドワーズは『ＧＯＤＺＩＬＬＡ』の監督に起用された。

レジェンダリー・ピクチャーズを「ハリウッド一の成長株」といわれるまで発展させることができたのは、こうしたトーマス・タル会長の人材発掘能力と決断力にあるのだろう。

ともかく、製作の主体はハリウッドになったが、第30作めとなるゴジラ映画の世界配給が決定した。数々の苦難の果てに『ＧＯＤＺＩＬＬＡ』製作はようやくスタート地点に立ったのである。

《※》

松岡功
１９３４年生まれ。東宝名誉会長、日本アカデミー賞協会名誉会長、阪急阪神ホールディングス取締役、フジ・メディア・ホールディングス取締役などを務める日本の実業家。若い頃はテニスのデビスカップにおいて日本代表にも選ばれたほどのテニスプレイヤーだったことも有名。長男は東宝東和代表取締役会長を務める松岡宏泰。次男は元テニスプレイヤーでスポーツキャスターなども務めいている松岡修造。

レジェンダリー・ピクチャーズ
２００５年、アメリカのカリフォルニア州バーバンクでトーマス・タルにより設立された映画会社。『バットマン ビギンズ』、『スーパーマン リターンズ』、『かいじゅうたちのいるところ』、『インセプション』、『パシフィック・リム』、『３００』、『ジュラシック・ワールド』など多くの話題作、ヒット作を世に送り出している。

4：『ＧＯＤＺＩＬＬＡ』、シナリオ完成の経緯

『ＧＯＤＺＩＬＬＡ』製作の第1段階は、「ゴジラ」と「ヘドラ」のキャラクターを使って、仕上がり40分のアイマックス作品を製作する許諾を坂野義光が東宝から取得するところから始まった。そして、その最初の契約書の前文には「テーマは環境問題に絞ること」と明記してある。『ゴジラ対ヘドラ』の実績を踏まえて松岡会長が特別に許諾を与えたものだった。

そのため、『ＧＯＤＺＩＬＬＡ』の第1段階のシナリオは坂野義光自身が書いた。

その概要は、以下の通りである。

宇宙からサルガッソー海に飛来したウンカの群れのような生命体が、大量のゴミをエネルギーとして大きくなり、イナゴの大群のごとくアルゼンチンの熱帯雨林を死滅させる。

生命体に死をもたらす「デスラ」だ。

怒ったゴジラがイグアスの滝から現れて、巨大化したデスラと戦う。

デスラは、飛行体となってカリブ海を北へ向かう。

放射能の逆噴射で飛び上がり、デスラを追うゴジラ。

デスラが通過したバージンアイランドのサンゴ礁は、見る見る死の海と化す。

ハリケーンに巻き込まれながら繰り広げられる、ゴジラとデスラの大格闘。
戦いはフロリダのディズニーランドを経由してニューヨークへ。
セントラルパークへ落とされるゴジラ。
デスラが吐き出した汚泥が9・11同時多発テロのモニュメントに迫る。
放射能を吐いてデスラを阻止するゴジラ。
死闘の末、ゴジラは長い尾を使ったスーパー・テイル・パンチでデスラを倒す……。

第2段階では、DVD販売を考慮して仕上がり60分のシナリオを作成した。

イグアスの滝にかかる壮大な虹を取材に来た撮影隊がゴジラの出現に遭遇する。
主人公は、ドキュメンタリー番組の女性ディレクターとその息子。
ゴジラはデスラを追って北へ。
戦いの場はメキシコを経由して北上し、ラスベガスが最後の決戦場となる……。

ところが、シナリオ作成を進めるうえで問題が持ち上がった。
アメリカのシナリオ作家協会のメンバーには「製作費の3%以下のギャラで仕事を受注して

はいけない」という決まりがあったのである。第2段階でのシナリオによる『GODZILLA』の製作予算を坂野義光は30億円に設定していた。製作費が30億円だと、その3％は9000万円。「とても、そんな額は払えない」と判断した坂野義光は、「ゴジラのシナリオを是非、書かせてほしい」という人物に匿名で参加してもらうことにした。第3段階となる劇場用映画のシナリオではレジェンダリー・ピクチャーズがリーダーシップをとることになった。

ストーリーにデヴィッド・キャラハム、シナリオにマックス・ボレンスタインとフランク・ダラボンが参加したが、坂野義光はその進行具合について把握することができなかった。完成シナリオも当然、極秘事項で、社外持ち出し禁止。坂野義光はハワイロケに参加した時に初めて決定稿を読ませてもらった。

その時、坂野義光にとって最も気がかりだったのは、東宝との最初の契約書の前文に明記されていた「環境問題をテーマとしてゴジラとヘドラのキャラクターを使用する」ということが、どこまで生かされているかだった。

完成シナリオには、環境問題のテーマが見事に描かれていた。ハワイで撮影された水爆実験から始まり、原子力発電所の事故のエピソードもしっかりと取り入れられている。「第二の主役」ともいえる渡辺謙によって「人間のおこがましさが自然を破壊した」というテーマに沿ったキーワードも語られる。

坂野義光から見て完成シナリオは、第1作『ゴジラ』に匹敵するような素晴らしい出来栄えに思えた。

アメリカでゴジラ映画が製作されるのは1998年のローランド・エメリッヒ監督による『GODZILLA』以来、16年ぶりの2作め。日本でゴジラ映画が公開されるのは2004年の『ゴジラ FINAL WARS』[※]以来、10年ぶり。

1954年に日本で公開された第1作の『ゴジラ』が、1956年にアメリカで『GODZILLA, King of the Monsters !』[※]として封切られた時、プロデューサーを務めた田中友幸は東宝の創業者である小林一三[※]に「快挙だ」と褒められたという。その小林一三は、それを契機としてゴジラが世界の人々から愛されるようになっていった状況を見ることなく、翌1957年に84歳で亡くなった。

企画のスタートから7年。80歳を目前にして苦闘と奔走の果てにハリウッド版『GODZILLA』製作にこぎつけた坂野義光の胸には、二つの感慨が込み上げていた。

ひとつは、東宝・松岡会長の温情をはじめ、多くの協力者との出会いや僥倖に対する感謝。

もうひとつは、「小林一三さんも今回の成果を喜んで見守っていてくださっているのではないだろうか」という思いだった。

《※》

『ゴジラ FINAL WARS』
2004年に公開されたゴジラシリーズの第28作。ゴジラ生誕50周年作品であり、「ゴジラシリーズ最終作」と銘打たれた。監督は北村龍平。

『GODZILLA, King of the Monsters !』
日本におけるゴジラシリーズの第1作『ゴジラ』の海外版。レイモンド・バーが演じる新聞記者が東京でゴジラに遭遇した体験を回想する形式に再編集され、1956年に全米公開された。精密な模型を駆使した特撮シーンのリアリズムが評判となって、世界50カ国で上映され、当時として400億円もの外貨を得る大ヒットとなり、ゴジラが世界的に認知されるきっかけとなった。

小林一三（こばやし　いちぞう）
1873〜1957年。実業家、政治家。
山梨県韮崎市出身。1888年、慶應義塾に入学。卒業後は三井銀行に勤務。1907年に箕面有馬電気軌道の専務となると沿線の宅地造成開発を行なった。1914年には宝塚歌劇団を創立し、社名も阪神急行電鉄に改め、百貨店、ホテルなどの多角経営を展開。阪急グループを大きく成長させた。1932年には東京宝塚劇場を開設。1937年には映画製作部門と合併して東宝が誕生することとなった。関東においても東京急行電鉄の前身となる田園都市株式会社や目黒蒲田電鉄、東京横浜電鉄の経営に参加。東急グループ発展の礎となり、後の私鉄発展モデルに大きな影響を与えた。終戦後は幣原内閣で国務大臣を務めたが、第2次近衛文麿内閣で商工大臣であったことから公職追放となり、1951年から東宝の社長となった。1957年、急性心臓性喘息により死去。享年84歳。

第2章　生きることは表現だ

1：裕福な少年時代と戦争体験

日本人がハリウッド映画においてエグゼクティブ・プロデューサーを務めるという例はほとんどない。しかも、坂野義光がハリウッド版『GODZILLA』のエグゼクティブ・プロデューサーを務めたのは80歳目前だった。

2016年時点で坂野義光は85歳。その年齢にして今なお多くの企画書を携え、5年後、10年後の映像の未来を語る。その映像表現に寄せる飽くなきチャレンジ・スピリットとバイタリティは若手の映像作家に勝るとも劣らない。文字通り、現役バリバリといっていい。

では、そのパワーの源流は、どこにあるのか？

この章では、坂野義光の生い立ちについて振り返ってみよう。

坂野義光が生まれたのは1931年（昭和6年）。満州事変が勃発した年だ。

坂野義光の家系には歴史的な人物や地元の名士が登場する。

父親は柳瀬存（たもつ）。衆議院議員や同志社の三代目の学長を務めた横井時雄※の三男・横井存が柳瀬家に養子として入った人物だ。

坂野義光の祖父にあたる横井時雄は「幕末の偉人十傑」にも数えられる横井小楠の長男である。つまり、坂野義光は横井小楠の直系の曾孫にあたる。横井小楠の妻の家系には徳富蘇峰、徳富蘆花が輩出しており、女子美術学校を創立した横井玉子も坂野義光にとって親戚筋となる。

横井時雄は熊本の洋学校で学び、25人の同級生とともにプロテスタントを日本に広めようという趣旨の「奉教趣意書」に署名血判。このグループは「熊本バンド」と呼ばれ、その多くが同志社の第一期生となった。同志社は、新島譲とその妻、八重によって創立され、その経緯は2013年にNHKの大河ドラマ『八重の桜』でも紹介されたが、主人公であった八重の姪、峰が時雄の最初の妻である。ところが、峰が早世したので、時雄は後妻として柳瀬義富の五女・豊（とよ）を迎えた。

柳瀬義富は米相場で稼いだ資金を元に土地売買で財を成し、織物会社「興業舎」を今治に興した事業家である。一時は「四国の20人の資産家のひとり」といわれ、その事業が現在の今治タオルの元祖となったことから、その功績を讃えて今治港近くの公園に顕彰碑が建っている。

横井時雄と豊の間に三男として生まれたのが坂野義光の父、横井存である。ところが、豊の実家である柳瀬家で当主と二人の息子が相次いで亡くなってしまった。東大法学部を卒業し東京海上保険に勤めていた横井存は柳瀬家に養子として入り、興業舎の事業を受け継ぐこととなった。そこに坂野義光の母となる坂野芳子が嫁いでくることとなる。

坂野芳子は、もと山口銀行※の頭取で三和銀行の創立者でもある坂野兼通（かねみち）の長女である。芳子が育った芦屋の家は阪神電車の芦屋駅のすぐ海側にあり、駅の改札口から左へ急坂を30メートルほど下りたところの正面に正門があった。土地はテニスコートつきで２０００坪あまり、建坪は２５０坪。お手伝いさんが12人、男衆が3人いる坂野家の長女として、乳母日笠で育てられた。芳子は18歳の時、神戸市芦屋の２０００坪の自宅から、柳瀬存の義母・柳瀬ヒロが住む須磨の３０００坪の邸宅に籠に乗って嫁入りした。嫁入り当時、芳子が外出するときはいつもお供がつき、お金を払うのはお供の仕事だったので芳子自身は財布を持っていたことがなかった。柳瀬家で催された存と芳子の結婚披露宴には、当時の内閣総理大臣・清浦奎吾（けいご）も出席した。

柳瀬存と芳子の間に三男として生まれたのが坂野義光である。

坂野義光が誕生から8歳の夏まで暮らすことになる家は愛媛県越智郡（現在は今治市に併合）桜井町古国分にあった。

今治市から県道を南東へ約12キロほど進み、富田川を越えると、富士山のような形のよい標高１０５メートルの唐子山が見えてくる。そこから海へ張り出した尾根の先端、県道から15メートルほどの高さに位置する１２０坪ほどの平屋建ての家が坂野義光の生家となった。男三人兄弟の末っ子であった義光は甘えん坊で、母・芳子のあとばかり追いかけていた。

１９３９年（昭和14年）、義光8才（小学2年）の夏、一家は今治市通町にある柳瀬家の本宅へ引っ越した。今治港から常盤町商店街を１５０メートルほど進んだところを左折すると小さな長之口公園がある。そこから３００メートルほど海と平行して走っている道が通町と呼ばれていた。その突き当たりが興行舎の第2工場で、本宅は工場手前の右手にあった。土地は500坪、建坪140坪。高い板塀に囲まれた幅2間ほどの本宅の表門を入ると、15メートルばかりの石畳が斜めに連なり横幅3間の表玄関にいたる。部屋数は10以上あったが、日常の昼間の生活は主として裏玄関を入ったところにある茶の間、居間、女中部屋、台所が利用されていた。

「国民学校」と呼ばれていた小学校高学年になった義光は、一日でも早く海軍兵学校へ入り、戦闘員になって天皇陛下のために戦うことに憧れを抱く軍国少年だった。

しかし、今治中学校（現在の今治西高）に入学した1945年（昭和20年）8月5日の夜、義光の無邪気な憧れは打ち砕かれた。

空襲警報のサイレンが鳴り、一家に緊張が走った。

しかし、ほどなくしてラジオが告げる。

「B29約50機は瀬戸内海上に出て北上中。空襲警報解除！　空襲警報解除！」

空襲警報は警戒警報に変わった。一家全員はホッとして、それぞれ寝室へと向かった。義光が二階の寝室で熟睡していると、突然、爆裂音が鳴り響いた。

あわてて階段を駆け下りてみると、庭は火の海だった。油脂焼夷弾が花火の滝のように降っている。

呉か広島のほうへ行ってしまったと思われたB29の編隊が、瀬戸内海上空で回れ右をして今治を爆撃しはじめたのだ。

義光は家族とともに火の海を走って、走って、走り抜けた。頭上からはヒュルヒュルと爆弾が落ちてくる音が響き、しばらくしてドカンという炸裂音と地響きが伝わってくる。夜の闇に包まれていたため上空が見えないことが怖かった。

通町から今治城の北を抜け、大通りを南下、県道へ出て総社川を東へ渡る。町並みを抜け、田んぼの中に白々と続く県道を、義光は多くの避難者たちとともに東へ、東へと走り、逃げた。県道から左手へ逸れて、海岸の方へ。さらに10キロほど走り続けて富田川の土手に出る。そこには人の形をしたものが数体、地面に横たえられていた。義光が生まれて初めて目にする人間の骸だった。今治市はこの今治空襲※で市街地の80％を消失した。

翌日の8月6日には広島に原爆投下。8月15日の終戦の詔勅を聞いた時、義光の価値観は根底から覆された。

「大東亜共栄圏、滅私奉公、神州不滅、皇軍必勝……。自分より年上の人たちがいっていたことは、みんな嘘だったんだ」

空襲で今治市通町の家を失った義光一家は義光が生まれた桜井の家に住み、義光はその家から今治中学まで自転車で通学した。

母・柳瀬芳子

坂野義光4歳

父・柳瀬存と３兄弟

《※》

横井時雄（よこい　ときお）
1857〜1927年。日本の牧師、ジャーナリスト、編集者、政治家。
横井小楠の長男として肥後に生まれ、日本のプロテスタントの源流のひとつとなった熊本バンドに参加、同志社を卒業した後、伝道者として愛媛県今治市に赴任する。1897年には同志社の第3代総長に就任。逓信省官房長を務めた後、衆議院議員となった。最初の妻、峰は会津藩士で京都府議会の初代議長を務めた山本覚馬の次女。後妻は柳瀬義富の五女、豊（とよ）。

山口銀行
1933年まで大阪にあった銀行で、現在、山口県下関市に本店を置く山口銀行とは別の銀行。
大阪の山口財閥第3代当主、山口吉郎兵衛が1879年に設立した第百四十八銀行が普通銀行に転換した際に山口銀行となった。坂野兼通は頭取から総理事を務めた。1933年、三十四銀行、鴻池銀行と合併し三和銀行となり、現在の三菱東京UFJ銀行の前身のひとつとなった。山口銀行の本店は三菱東京UFJ銀行瓦町支店として現存している。

今治空襲
1945年8月5〜6日にアメリカ軍が愛媛県今治市に行なった空襲。参加したB29爆撃機は約70機。死者454人、重傷者150人、被災者3万4200人、市街地の80％が消失するという大きな被害を出した。

2：上京

１９４７年（昭和22年）、義光より3歳年上の次兄・柳瀬義和が今治中学5年生から旧制第一高等学校（後の東京大学教養学部）へストレートで入学した。同じ年に兵役から帰って来た長兄・柳瀬義志も慶応大学に入学した。兄たちの相次ぐ上京に義光の心もはやった。

「僕も東京へ行きたい！」

義光は父に猛烈に懇願。当初は渋っていた父も「大学を卒業後、今治に帰って興業舎の事業を手伝うならば」ということで許可を出し、義光は今治中学3年生の夏、東京都立一中（現在の日比谷高校）へ転校した。

義光は杉並区堀之内にあった海老名弾正※の未亡人・みやの家に下宿した。

海老名弾正は国際的に著名な宗教家で、義光の祖父・横井時雄とともに熊本バンドのメンバーであり、同志社の同級生だった。その妻となっていたみやは義光の曽祖父・横井小楠の娘。義光の父・柳瀬存にとっては叔母にあたる。海老名弾正はすでに鬼籍に入っていたが、みやはまだ健在で、この杉並のしゃれた洋風の建物の2階の4畳半が東京での義光の最初の生活拠点となった。

東京での生活が落ち着き始めた頃、義光にとって大きな転機が訪れた。

次兄が旧制第一高等学校の駒場南寮で同室だった原口統三※という学生が逗子の海で入水自殺した。原口は『二十歳のエチュード』という本に「あらゆる哲学書は読み尽くした。結論として人生に意味はない」と書き残していた。

17歳となり、自分なりに人生の意味に悩みはじめていた義光は、原口がポケットに石をいっぱい詰めて海に向かって歩み去ったという逗子の岩場に座り、終日、海を眺めていた。

その日、空はどんよりと曇り、灰色の大きなうねりがゆっくりと岸辺に押し寄せて岩に砕けていた。見渡す限り灰色の大海原。何時間かが過ぎた後、ふと見ると、遥か沖で黒い点が五つ、六つ、揺れながら見え隠れしていた。それが海鳥だと気づいた時、義光の全身に電気のような感動が走った。

「あの海鳥たちは大自然の中ではケシ粒のような存在だけど、懸命に生きている！　あらゆる生き物は死への願望よりも、生への欲望のほうが絶対に強い。人間もそうであるはずだ。論理的に意味がなくても、生きることは正しい。命を生かすことが善で、命を殺すことが罪悪。どんな状況にあっても、生き延びること、生き続けることに意味がある」

そして、義光は表現をすることこそ、生命の存在証明なのではないかと考えた。

「生きていること、自分が存在していることは、すなわち、自分がすでに何かを表現していることだ。他者に見られることによって、自分の存在が確かめられる。より強く表現できれば、他者との強い絆が生まれる。より強い充実感を得るためには、精いっぱい自己表現をする必要がある」

逗子の海から戻った義光は絵画部に入り、それ以降、絵画にとどまらず文学、音楽、写真、演劇など手当たり次第にトライして、自分の可能性を試した。1日1回、何かを発見するか、何かに感動しないと、その日をムダにしてしまうような思いにかられていた。

京橋の近代美術館で観た葛飾北斎の「百物語」。日比谷公会堂でメニューヒンが弾いたヴァイオリン協奏曲。ロイヤルバレエ団の公演でマーゴット・フォンテインが踊った「白鳥の湖」……。

ロマン・ローランの『魅せられたる魂』を読んだ時には、主人公アンネットに母・芳子のイメージを重ね合わせた。

文学青年、画家、作曲家志望など親しい友人13人と自筆回覧誌『山彦』を創刊し、詩、小説、感想文、体験談など、自由に書いたものを持ち寄り、冊子に閉じて回覧した。

義光が大学受験を迎えた1951年（昭和26年）当時、日比谷高校は東大受験入学者が62人で全国1位だった。冬休みの直前まで演劇活動に専念していた義光は冬休みに入ると猛勉強を始めた。

目が開いているうちは徹底的に集中して知識を詰め込む。国語、歴史、理科……。ひとつの学科に飽きると科目を変えて脳細胞に叩き込む。日比谷高校は受験のため2月10日から休みにしてくれた。受験日の1週間前からは、近くに住んでいた学友を訪ね、数学のわからない問題を解いてもらった。その時に教わった問題が受験でそのまま出るという幸運もあったが、義光は東大受験に成功した。

東大の入学式は欠席した。権威への反抗心や、既成秩序への反撥意識からだった。その一方で、学生運動のデモなどには関心を持てなかった。

「デモに参加するより、後日、より多くの人にアピールする作品を創りたい」

クラスは、アテネフランセの中等科を卒業していたので、フランス語既習クラス「5C」に入った。

入学すると、まず友人たちと月1回の読書会を開催した。プーシキン、チェーホフ、ドストエフスキー、モーリヤック、ジード、バルザック、芥川竜之介、有島武雄など、ひとりの作家を決め、できるだけその全集を読んできて、毎月1回、担当者を中心に論評した。

部活動は「劇研」と呼ばれる「演劇研究会」に入った。

最初の仕事はジャン・ポール・サルトル作『墓場なき死者』の舞台装置。2年の秋には、渋谷公会堂で本邦初演したサルトルの『蠅』の演出を担当した。稽古の途中でジュピター役が出演不能となったので、その役を引き受け、さらに舞台装置も担当。本番前は三日三晩、一睡もしなかった。坂野義光自身は「あの3日間は人生の中で最も充実した密度の濃い時間だった」と述懐している。

2年の秋、駒場から本郷へ移る時に、成績が良いと文Ⅱ（文学部）から経済学部へ変わることができるという決まりがあった。義光は「卒業したら帰郷して家業を継ぐ」という父との約束を守るため、進学の第1志望は経済学科とすることにした。

しかし、芸術至上主義にどっぷりつかっていた義光には、もう父との約束を守る気はなかった。成績が悪ければ、経済学科へは進学することはできない。そのため、試験でわざと悪い点数を取るという作戦をとった。第1志望は経済学科、第2志望はフランス文学科、第3志望は美学美術史学科で提出して、計画通り美学美術史学科に入ることになった。

3年の時は劇研でソーントン・ワイルダー作『ロンググッドバイ』を上演。神経質な売れない作家という主役を演じたが苦渋の役作りはうまくいかず、「あの人は俳優は止めたほうがいい」と中島健蔵[※]教授に酷評された。

また、劇団『箱舟』を立ち上げ、モリエールの『スカパンのペテン』を上演した。

4年になっても芝居の練習に明け暮れていた義光は、ほとんど学校に行かなかった。

卒業論文は池ノ上湖畔の下宿に籠って書いた。大岡山のパチンコ店で稼いだ鮭缶とマヨネーズで2カ月間カンヅメ状態。タイトルは「美術批評の可能性と限界について」。印象批評、社会批評、人物批評の三種類を比較したうえで、結論は「理論よりも感じることがすべて」という内容だった。

高校時代

次兄、柳瀬義和と

大学時代

《※》

海老名弾正（えびな　だんじょう）
1856〜1937年。日本の思想家、牧師、教育者。
熊本洋学校に学び、熊本バンドの一員となって同志社を卒業すると群馬県安中に伝道に赴く。1882年、横井小楠の長女・みやと結婚。以後、前橋教会、本郷教会を設立。本郷教会を義兄の横井時雄（坂野義光の祖父）に委ねて熊本に戻り、熊本英学校、熊本女学校を設立。1897年には東京に移り、「キリスト同志会」を創設。雑誌『新人』も創刊、晩年には第8代同志社総長を務めるなど、日本のキリスト教界発展に尽力した。

原口統三（はらぐち　とうぞう）
1927〜1946年。日本の詩人。
朝鮮半島の京城府（現在のソウル市）に生まれ、旧満州国を転々とした後、旧制第一高等学校文科に入学。活発な詩作活動を行なうものの、3年として在学中の1946年10月25日、逗子海岸で入水自殺。生前に執筆していた『二十歳のエチュード』が遺著として刊行され、30年以上にわたって版を重ねた。

中島健蔵（なかじま　けんぞう）
1903〜1979年。日本の文芸評論家、フランス文学者。
ヴァレリーやボードレールなどのフランス文学作品を翻訳紹介する一方で、当時はまだ無名であった宮沢賢治の作品に光を当てて世に送り出した。1942年、陸軍に徴用され出征。終戦後は日本文芸家協会を再建し理事長に就任した後、日本著作家組合を創設して書記長となった。クラシック音楽への造詣の深さや切手コレクターとしても有名。

3：東宝文芸部から助監督へ

義光が父との約束で帰郷を考えなければならない卒業が近づいた1954（昭和29）年、状況が大きく変わった。

戦後の新円※への切り替えと事業の失敗で興業舎は倒産。柳瀬家で抵当に入ってないのは人間だけという状況になり、一切の財産を失ってしまったのだ。

そもそも義光の父・存は東京大学法学部を卒業した際に成績優秀で銀時計をもらったという知能の持ち主だった。さらに、横井小楠の孫でもある。そのせいか、自意識と自信が強く、他人のいうことを全く聞かない人間であった。こうした性質は商売に向いているとはいえず、一代で莫大な財産を失ってしまったのである。

興業舎を破産させた存は弁護士となっていた。当時は、東大の法科を卒業するだけで弁護士の資格が得られたからだ。

「家業を継ぐ」という約束は消え去り、義光は東京で就職口を探すこととなった。

演劇にのめり込んでいた義光ではあったが、いざ就職口を探すとなると映画会社を受験することにした。

戦後からの復興を成し遂げつつある日本において、映画は庶民にとって最大の娯楽となっていたため、１９５４年当時の日本映画界は大きな隆興の時期を迎えつつあったからである。

「演劇では残念ながら食えない。映画は会社もあるし、総合芸術だから演劇よりも多くの人々に作品でアピールすることができる」

父・存に相談すると松竹の城戸四郎社長が高校・大学が同期だったということで一緒に会いに行った。

しかし、返事はかんばしいものではなかった。

「今年は、松竹は助監督をとらないので、来年、いらっしゃい」

松竹を断念した義光は東宝を受けることに変更。とはいえ、当時の東宝は縁故募集だったので、紹介者がいなければ受験できなかった。東宝へ紹介してくれる人を探していた義光のもとに、母・芳子から連絡が入った。

「力を貸してくれそうな人がいるから会いに行きなさい」

その人物は「戦後日本のキーマン」ともいわれた白洲次郎※だった。

白洲次郎は第二次大戦の終戦直後、吉田茂総理の片腕としてマッカーサーと渡り合った筋金入りの人物だ。芳子は芦屋の小学校時代、白洲次郎の一年下級生で、家族ぐるみの付き合いがあり、とても可愛がられたとのことだった。

ところが、当時の義光は芸術至上主義のノンポリで新聞もろくに読まず、政治家や経済人をバカにしていたため、白洲次郎という人物について何も知らなかった。

それでも、他に頼れそうな人物も見つかっていない。義光は母の連絡に従って、当時、東北電力の会長をしていた白洲次郎の八重洲事務所を訪ねた。

後日、義光は東宝の採用面接を受け、採用された。

今の言葉でいう「芸術オタク」で時事問題などの知識が乏しかったにもかかわらず採用されたのは、義光自身、白洲次郎の紹介ということが大きかったのではないかと考えている。


この時期、義光にとっては個人的ではあるが大きな出来事が重なった。姓が変わったのである。

義光の母・芳子は9人兄弟の長女で、すぐ上の兄には子供がいなかった。兄の妻が病没した後、芳子が尼崎市塚口の家に住み込んで兄の面倒を見ていた。その兄が狭心症で倒れ、義光を坂野家の養子にしたいという話が持ち上がり、義光の姓は大学卒業の時点で「柳瀬」から「坂野」に変わった。

柳瀬義光は坂野義光となって東大を卒業。東宝へと入社した。

1955年に東宝へと入社した新入社員のうちプロデューサー・助監督志望者は9名。そのうちの3名は砧の撮影所、3名は東京映画、3名は本社の文芸部へ配属された。

坂野義光が配属されたのは本社文芸部企画課リサーチ係。数人で手分けして新刊の雑誌や小説を読み、映画化できそうな素材があると企画書にして提出するのが仕事であった。

助監督志望だった坂野義光は撮影所に行けるものだとばかり思っていたため、人事課長に「なぜ、文芸部なのか?」と食ってかかったが、この文芸部での7カ月は、その後の坂野義光の映画人生にとって有意義な経験となった。

当時の東宝文芸部には30名近くのメンバーがいた。後年、「岩波ホール」支配人となった高野悦子も所属して観客動員の調査をしていた。

この年には年間67本の映画作品が東宝1社で製作・配給されていた。そのため、2週間に1回の頻度で、※森岩雄製作本部長の元で企画会議が開かれていた。森岩雄は東宝のプロデューサー・システムを確立して東宝繁栄の礎を築かれた大人物である。新入社員の坂野義光もその会議に参加させてもらった。

東宝文芸部の中でリサーチ係は曾雌（そし）喬（たかし）係長以下7名で構成されていた。坂野義光より3年先に入社していた曾雌喬は、孤児院を経営していたため東大仏文を6年かかって卒業し、人事担当の馬淵威雄取締役と大論争をして主席で入社したという異色の人物。坂野義光とはラディゲを好んで読む文学青年という共通点があり、週に一度は飲み屋で文学論を戦わせた。後に作詞家として活躍する岩谷時子も当時のリサーチ部メンバーのひとりだった。

入社後半年を経過した11月、坂野義光は本来の志望である撮影所へ転出することに決まった。当時の東宝撮影所では、助監督として現場に入る前に半年ほど制作係を経験することが慣わしとなっていた。坂野義光の最初の仕事は『初恋チャッチャ娘（監督：青柳信雄、主演：江利チエミ）』。

翌1956年の5月、坂野義光はその後の人生を大きく左右する作品に制作係として入ることが決まった。

黒澤明監督の『蜘蛛巣城』である。

《※》
新円切替
1946年に実施された通貨切替政策。第二次世界大戦の敗戦に伴って物資不足から物価が高騰。さらに、戦時中の金融統制が解かれたことから現金確保のための預金引き出しが集中するなどして経済が混乱し、インフレーションが発生した。幣原（しではら）内閣は対策として預金を封鎖。従来の紙幣（旧円）を強制的に銀行に預金させる一方で、旧円の市場流通を差し止め、一世帯あたりの引出額を新たな紙幣（新円）で月500円以内に制限させる金融制限策を実施した。そのため、市民が戦前に持っていた現金資産は、国債などの債券と同様、ほぼ無価値となった。

白洲次郎（しらす　じろう）

1902〜1985年。官僚、実業家。

兵庫県芦屋市に生まれ、神戸一中を卒業するとケンブリッジ大学クレアカレッジに留学。帰国後は英字新聞『ジャパン・アンバサダー』の記者となり、駐イギリス特命全権大使であった吉田茂と面識を得る。終戦後は東久邇宮（ひがしくにのみや）内閣の外務大臣に就任した吉田の懇請を受けて終戦連絡中央事務局の参与に就任。主張するべきことは頑強に主張したことからGHQから「従順ならざる唯一の日本人」と呼ばれた。その後、貿易庁長官に就任すると、商工省を改組して通商産業省を設立。サンフランシスコ講和会議には全権団顧問として随行。外務省顧問を務めた後に実業界に戻り、東北電力の会長に就任。大沢商会会長、大洋漁業（現マルハニチロ）や日本テレビなどの役員や顧問を歴任した。

森岩雄（もり　いわお）

1899〜1979年。映画プロデューサー、脚本家、映画評論家。

神奈川県横浜市に生まれ、映画評論家として活動した後、東宝映画の常務取締役となる。戦後の公職追放後は三和銀行の取締役を務めた後、1951年、顧問として東宝に復帰。翌年には取締役政策本部長となり、東宝映画の総指揮をとって戦後の日本映画黄金時代を支えた。予算と人的資源の管理を一元化するプロデューサー・システムを日本の映画界に本格的に導入した人物としても知られている。

第3章　監督術修行時代

1：「映画」を教えてくれた黒澤明

『蜘蛛巣城』の制作係としての坂野義光の仕事は、黒澤明監督※の送り迎えから始まった。

黒澤明といえば「気難しい人物」として知られていた。しかし、坂野義光は、黒澤明のある法則に気づいた。

「何かに集中している時の黒澤さんは人のいうことをいっさい受け付けないが、時々、無心になるかのような、ふわっとした感じでおられる瞬間がある。その時に話しかけると、いうことをちゃんと聴いてくださる」

その要領を会得した坂野義光は黒澤明お気に入りのスタッフのひとりとなり、『蜘蛛巣城』の後半、御殿場ロケの頃にはカメラの側で黒澤明の言葉をスピーカーでスタッフ全員に伝える役割についた。

『蜘蛛巣城』はシェークスピアの『マクベス』を原作としていて、クライマックスで森が動くくだりがある。このシーンを撮影するため、富士山の南側の山麓で大規模なロケが行なわれた。

午前2時、20台のバスを連ねて600人のエキストラを御殿場から須走へ送り込む。スタートが深夜なのは衣装である鎧具足を着るのに、とても時間がかかるためだ。

衣装を着け終わったエキストラを、助監督たちが100人ずつの隊に分けて四方に展開していく。小道具係は、エキストラに持たせて動く森を表現するために切った木の枝を30台の大八車に山盛り乗せて斜面を引っ張りあげる。

メインカメラから見ると、広大な裾野に展開している大軍団が一望の下に見渡せた。

突然、黒澤明が大きな声を張り上げる。

「そこの山田ーァ！　たるんどるーッ！」

撮影現場に緊張が走る。

なぜ、山田なのか。黒澤明によれば「300人ぐらい人間がいれば、中には3人ぐらいは山田がいるだろう。その山田は自分が叱られたかと思って気合を入れるし、みんなも『監督が見てるぞ』となって引き締まる」ということだった。

スタッフから俳優たちまで100人以上の人間を統率していかなければならない映画監督として編み出した黒澤明独自の演出方法である。

坂野義光が黒澤明の指示をスピーカーで全員に伝えた。

「5番隊、もっと奥へ行ってください！」

遥か彼方に見える5番隊の旗の列が、奥ではなく、左へ、左へと移動する。

黒澤明が坂野義光の隣で怒鳴り声を上げた。

「左じゃない！　奥だ、奥！」

坂野義光がスピーカーで叫ぶ。

「5番隊、奥です！　奥へ行ってください！」

ところが、何度指示を出しても、5番隊は奥に進まずに左へと動く。

「何をやっているんだ。このデコスケ！」

「デコスケ」とは黒澤明独自の言葉で最大級の「バカ」を意味している。この言葉が出ると黒澤明の怒りも頂点に達していることを意味している。

後で坂野義光が現場の事情を聞いてみると、5番隊の奥側には左右に広がる深い溝があり、奥へ行くためには大きく迂回しなければならないということだった。

ようやく体制が整って、いよいよ本番という午後2時、突然、天候が急変。ザザーッと雨が来た。30分経っても弱まる気配がない。むしろ、雨脚は激しさを増して豪雨になった。

黒澤明がポツリとつぶやく。

「止めるか」

坂野義光がスピーカーを通して叫ぶ。

「本日、中止です！　本日、中止～！」

全スタッフに落胆の空気が漂う。その日の努力がすべて水の泡になったのだから無理はない。

このシーンは翌日、再度セッティングしなおして撮影完了した。

「黒澤明の現場は怖い」といわれていたが、坂野義光から見れば、黒澤明は闇雲に怒っているわけではなかった。

黒澤明の演出方法はオーソドックスで、シナリオも、カメラワークも、俳優の演技も、とことん磨き上げて、納得する最高の状態で本番を撮ろうとしていた。坂野義光は『蜘蛛巣城』以後、『どん底』、『隠し砦の三悪人』、『悪い奴ほどよく眠る』に助監督として師事した。その撮影中、「人間の歴史の中で二度と繰り返すことのできないドラマティックな瞬間をカメラが捉えた」と感じられることが一作品で2，3回はあった。

リハーサルから本番まで、大変な時間と労力をかけて磨き上げた決定的瞬間をフィルムに焼き付けようとしている。

歴史上二度と繰り返せないドラマが今ようやくカメラに収められようとしている。その時、天候の急変や人為的ミス、例えば、カメラ助手がコードを蹴っ飛ばしてカメラが止まってしまったらどんな気持ちがするか。

坂野義光にしてみれば、黒澤明が「デコスケッ！」と雷を落とすのは、当然のことのように思えた。

坂野義光の中には85歳になった現在でも黒澤明の言葉が数多く生き続けている。

「細部にとらわれると大局を見逃す」という言葉も、そのひとつだ。

助監督は立場上、場面の繋がりを覚えなければならない。そのため、役者が持っていた花が3本であったとか、ジャンパーの襟が折れていたとかいったディテールに目が行ってしまって全体が見えにくくなる。しかし、映画監督はカメラフレーム内の被写体の動きを、細かなディテールまですべて的確に把握したうえで、大局的に全体を判断してOKを出さなければならない仕事である。

黒澤明は助監督たちに対して「エキストラを動かす時も、必ずファインダーを覗いてから指示を出せ」といった。

そして、本番中の状況把握に関しては次のように語った。

「俺は本番中はポケーッと白紙の状態になってるんだ。すると、『どっか違う』というのがわかる。どう違うか説明できない時もあるが、もう一回、本番をやって、ラッシュで比べて見ると歴然とするんだ」

その言葉どおりのことが起きたのは、やはり『蜘蛛巣城』の御殿場ロケで撮影されたシーンでのことだった。

主人公である鷲津武時役の三船敏郎と、その友人である三木義明役の千秋実とが火山灰地に座り込んで話しているうちにサーッと霧が晴れて、背景に突然、巨大な城が姿を現すシーンが撮影された時、坂野義光は黒澤明のつぶやきを聞いた。

「フレーム内に何かが入ったんじゃないか？」

黒澤明はしきりに気にしていたが、状況から考えて異常があったとは考えられなかった。ところが、ロケを終了して撮影所に戻り、ラッシュ・プリントを見た時、坂野義光は愕然とした。

千秋実が持って立てている弓の先端に重なるように、ケシ粒のような人影が写っていたのだ。それは遥か彼方から見学していた自衛隊員の姿だった。映像全体としてはほとんど気がつかないレベルだったのでＯＫになった。しかし、坂野義光は黒澤明の眼力の細密さに圧倒された。

「俺は遠視で、遠くが特別よく見えるんだよ」

後に黒澤明は冗談めかしていったが、カメラのフレーム内に一点の異物も許すまいとする黒澤明の研ぎ澄まされた感性は坂野義光の胸に強く、深く刻み込まれた。

「コンテ通り撮れたとしたら、その映画は最低だ」という黒澤明の持論も坂野義光はしっかりと憶えている。

黒澤明はシナリオの一言一句まで頭に入れているので、現場に脚本は持ってこない。しかし、俳優が語尾をちょっと間違えても確実に指摘する。何人ものシナリオライターと練りに練った台詞をちょっとでも変えるときには必ずライターに電話をして了解を取った。

坂野義光が参加した『蜘蛛巣城』から『どん底』、『隠し砦の三悪人』、『悪い奴ほどよく眠る』までの4本のシナリオには、小国英雄、菊島隆三、橋本忍、久坂栄二郎らのメンバーが参加していた。

そうしたメンバーとともに徹底的に磨き上げたシナリオであるにもかかわらず、黒澤明は「台本の通りに撮れたのでは面白味がない」と口にしていた。

「思いがけない雲の動き、常識を突き抜けた役者の表情、事前に考えつかなかった見事なカメラワークなどが付加されて初めて満足できるんだ」

そこへ到達するために、黒澤組ではキャスティング、衣装合わせ、ロケハン、美術デザイン、演技リハーサルなどひとつひとつ周到な準備を積み重ねていった。そして、撮影現場では、磨き上げた被写体をいかに自然にカメラに切り取り、収めるかに腐心した。

黒澤明は本番中の心理状況について、次のような言葉も残している。

「前のシーンと後のシーンのフィルムが、唸りを上げて頭の中を駆け巡っている時がある」

役者の演技を見ている時、黒澤明は役者の心境に徹底的に寄り添っていた。役者が笑う時には笑い、泣く時は一緒になって泣く。耐えがたい苦しみの表情の時は、まったく役者に同化するかのようで、見ていた坂野義光も絶えられなくなるほどであった。

その一方で、坂野義光は黒澤明の日常の笑顔に魅せられた。

ある日、黒澤明がウイスキーを傾けながら助監督たちにいった。

「木の葉天目という茶器があってね。たまたま落ち葉が茶器の底に焼きついて、思いがけない美しさが生まれるんだ。素敵なんだよね、これが」

人間としての豊かなオーラ。坂野義光は機嫌よくニコニコと話す時の黒澤明の笑顔を、「言葉では表現できない百万両の味。まさに、絶品でした」と振り返る。

『蜘蛛巣城』ではタイトルの字についても一悶着あった。

タイトル字の制作は前衛書家の金子鴎亭（おうてい）に依頼していた。

坂野義光は宣伝部の林淳一とともに、巣鴨の金子鴎亭宅に向かい、できあがった作品を持ち帰った。作品は控室にずらっと吊るして検討が始まった。縦１８０センチ、横80センチの白い紙に墨痕鮮やかに書かれた『蜘蛛巣城』という字が躍っている。

ところが、黒澤明は簡単にはＯＫを出さなかった。

坂野義光が次の作品を受け取りにハイヤーで巣鴨に走る。

それでも黒澤明のＯＫは出ない。坂野義光の往復も5回、6回と回数を重ねた。

本当に満足いくタイトルの書体が決まるまで粘り続けた黒澤明も、さすがに7回目を迎えて、つぶやいた。

「次のでもダメだったら、もうやめる」

坂野義光が巣鴨に着くと、金子鷗亭の怒りも頂点に達していた。作品を書き上げた金子鷗亭は坂野義光に告げた。

「これでダメといわれるなら、今回の仕事はお断りする！」

坂野義光が持ち帰った作品に対し、黒澤明はようやくＯＫを出した。


『蜘蛛巣城』での制作係に続いて、坂野義光は谷口千吉※の『嵐の中の男』に初めてサード助監督としてついた。その映画のチーフ助監督は岡本喜八、セカンドは竹林進。映画監督として才能も実力も申し分のない人物たちである。しかも、この時、坂野義光よりも立場が上になる助監督は東宝全体で52人いた。坂野義光にとって監督への道は前途遼遠だった。

１９５６年の東宝の映画配給本数は史上最高の96本を数え、助監督はじめ撮影所のスタッフは残業、残業で寝る間もなかった。夜中の午前2時に退社のタイムカードを押して、その日の7時に出勤すると残業時間が繋がってしまって、月２５０時間を超えてしまう。

「このままでは自分がからっぽになってしまう」

恐怖心を覚えた坂野義光は時間がない中でも毎日寝る前に10ページずつドストエフスキーの全集を読むことにした。読了するまで2年かかったが、このことは坂野義光が自分を精神的に支えるうえで大きな役割を果たしてくれたと感じている。

ほどなく、坂野義光は黒澤組に復帰し、『どん底』に5人目の助監督としてつくことになった。翌日の予定表を書くためには、山田五十鈴や香川京子を何時に呼べばいいのかを黒澤明に聞かなければならない。ところが、当時、黒澤明はゴルフに熱中していて、昼休みにはゴルフ談義に余念がない。助監督のチーフやセカンドは話しにくいので、聞き役を坂野義光に託した。

「おまえが聞いてこい」

坂野義光は助監督としては下っ端ではあったが、黒澤明の機嫌のよい時に要領よく質問して、翌日の予定表を書いた。

『どん底』はロシアの文豪、マクシム・ゴーリキーの同名戯曲を翻案し、日本の江戸時代の長屋に置き換えて、長屋に住む貧しい人々の人間模様を描く群像劇である。そのため、黒澤明は17人の主要登場人物を全員集めて、40日ものリハーサルを行なった。

三船敏郎、山田五十鈴、中村鴈治郎、香川京子、東野英治郎、左卜全、根岸明美、清川虹子、渡辺篤、田中春男、藤田山……。

歌舞伎、新劇、映画、ボードビルから現役の力士まで、多様なジャンル出身の役者たちがそれぞれの役にアプローチしていった。その過程は各人各様で、坂野義光は大きな興味と興奮を覚えた。

演技力で見せる人。素材そのものの魅力が勝っている人。リハーサルではモタモタしているが、最後に独特の味が出る人。すぐにそれらしくなってしまうが、途中で面白味がなくなり、本番前にもうひとつ突き抜ける人……。

この時、坂野義光の印象に強く残ったのは〝巡礼の嘉平〟という役を演じていた左卜全※だった。ガラッと出口の戸を開けて飛び出すと、下っ引きの島造役の上田吉二郎とおでこの鉢合わせをするシーンでのこと。ラストテストが絶妙のタイミングでスタッフ一同抱腹絶倒したが、本番になると、そううまくは行かなかった。

トラック5……、トラック8……、何度も撮り直しが続いた。

それでも、左卜全は諦めない。自分が納得しないと相手が黒澤明であっても引かない。

「ちょっと休もう」

黒澤明の中断命令が出ると、左卜全はリラックスするために、セットの片隅の畳の上で仰向けにひっくり返って、天井に向けて上げた手足をブルブルと振りはじめた。左卜全は当時、足をかばうために杖をついて歩いていた。しかし、本番になると脱兎のごとく走った。坂野義光は、付き人をかねて付き添っていた奥さんから「自宅では、水風呂とお湯に交互に入って健康管理をしている」と聞いた。

芝居再開。

トラック11……、トラック15……。結局、その日は撮影中止となり、翌日の午前中、ようやくOKが出た。

なぜ、ここまでひとつのシーンにこだわるのか。

黒澤明はいった。

「監督がいい加減でOKするから役者が育たないんだ」

しかし、現在では、ほどほどで監督がOKを出さないと、スポンサーや制作会社、役者の事務所サイドなどからクレームが出て監督自身が簡単にクビになってしまうことが多い。

当時も、そうした傾向は出はじめていた。それでも黒澤明は一コマずつ、職人的積み上げをおろそかにしなかった。坂野義光は、この信念こそが黒澤映画の芸術を生み出していると考えている。

一方、左卜全については、後日、黒澤明が坂野義光に語った言葉がある。

それは、『悪い奴ほどよく眠る』で坂野義光が田中邦衛を殺し屋の役に推挙したときに黒澤明が語った言葉だ。

「バイプレーヤーで百点満点は、今度の田中と『醜聞』の左卜全だね」

その言葉を思い出す時、坂野義光の脳裏には、この『どん底』のワンシーンにかけた黒澤明と左卜全の執念が今でも鮮明に浮かびあがる。

『どん底』はパンフォーカス※で撮影していたため、F（焦点深度）を11から16にまで絞る必要があった。これは、手前と奥の人物両方にピントを合わせて、表情をはっきり捉えるための撮影技術である。

黒澤明は「観客にカメラを感じさせてしまう」という理由で、1カットのなかでピントを送ることを嫌っていた。しかし、F（焦点深度）を絞るということは、当時のフィルムは感度が悪かったため、照明の光量を大きく上げなければならなかった。そうなると、照明の熱のため俳優の鬘（かつら）が焼けてしまう。そのため、セットでのリハーサルが始まると、助監督がスタンドイン（俳優の代理）として入る。坂野義光も東野英治郎らのスタンドインを勤めた。

「坂野、顔の向きが違っている！」と、黒澤監督の怒声がセットに響き渡る。

坂野義光は、間違っていないという絶対の自信を持っていたので腹を立て、2日ばかり口をきかないでいたら、黒澤監督のほうから気を遣って話しかけてきたという一幕もあった。

黒澤明は編集作業の時に見せる集中力の凄まじさでも知られている。坂野義光も『どん底』の編集作業で、その凄みの一端に触れた。

「現場では、編集の素材を撮っている」というのが黒澤明の基本的な考え方だ。

黒澤映画では2カメラ、3カメラを同時に回す。3台のカメラで撮影すると、OKカットの他にキープが平均2本あるので、撮影したラッシュ・プリントは1テイクにつき9本。それが編集材料となる。

「編集はリズムだ」と語る黒澤明は、自分でムビオラ（フィルム編集機）を覗きながら次々にハサミを入れる場所を決めていく。その集中力は頭からは湯気が出るほどに凄まじく、複雑なアクションシーンでもあっという間につないでしまい、後で直すところはほとんどなかった。

その編集作業に欠かすことができなかった人物が野上照代である。

野上照代は『羅生門』の時にスクリプターとして黒澤明に出会って以来、黒澤明のすべての仕事につき、『デルス・ウザーラ』からは協力監督やプロダクション・マネージャーなどを務め、小泉堯史監督の『雨あがる』では監督補の役割を果たしている。

坂野義光が見た『どん底』の編集の時、野上照代は、黒澤明がほしいと思うであろうカットを9本のキープ・フィルムの中から、ポジフィルムを直に透かして見ながら次々に選んで手渡していた。

黒澤明は、自分が使いたいフィルムが来ると機嫌よくスイスイと作業を進める。しかし、希望に沿わないフィルムが来ると、さっと顔色が変わり、フィルムを床に叩きつけて踏んづけてしまう。坂野義光ら助監督たちは編集室の窓の外から恐る恐る、室内の緊迫したドラマを見つめていた。

坂野義光は黒澤組に入ってから早い段階で「アクションは、間のコマを幾つか飛ばすとスピード感が出る」ということを教わっていた。坂野義光にとって黒澤映画から強烈な印象を最初に受けたのは太平洋戦争末期、国民学校6年生の頃に見た『姿三四郎』だった。その中でも、三四郎に投げられた門馬三郎役の小杉義男が真横にピューッと飛んで道場の壁を突き破るシーンが、とくに印象に残っていた。

「柔道にしろ、立ち回りにしろ、2台のカメラで廻したフィルムを切り替えてつなぐ時、現実のままの動きでつなぐと間延びしてしまうんだ。その間を2、3コマ落としてつなぐと緊迫したスピード感が出るんだね」

黒澤明の言葉を実感したのは『蜘蛛巣城』の鷲津武時を演じる三船敏郎の最期のシーン、首に矢が突き刺さる場面だった。

「ネガを観てごらん。ポジではわからないよ」

密度の濃い画像の創出。編集の際の緻密な視点と深い決断力。その両極を常に限界まで追い求める黒澤明の姿勢に、坂野義光は黒澤映画の真髄を垣間見た気がした。

『どん底』に続いて入った『隠し砦の三悪人』の頃となると、坂野義光はスタッフたちとも打ち解けた間柄となっていた。

ある日、御殿場ロケの現場に黒澤明の雷が落ちた。黒澤明の怒りの原因は雪姫役の新人女優、上原美佐だった。

「鞭を持ったお姫様が、藪の中をどんどん歩いていく。太平役の千秋実と又七役の藤原釜足が後をつけていく」というシーンだが、レールを引いてその上にカメラを載せて被写体を追う移動車と姫の動きのタイミングがなかなか合わなかったのだ。

しかし、お姫様を叱るわけにはいかなかった。若い女優を叱って泣いてしまった場合、その後は撮影にならないからだ。

そうなると周りに雷が落ちはじめる。まず助監督が叱られ、移動車を押している特機係が叱られた。続いてカメラ助手、カメラマン……。ついには、「姫の額にかかっている前髪の形が悪い」と最も信頼の厚い技髪の責任者、小林重夫まで叱られてしまった。

その日の撮影を終え、俳優たちとの夕食の席。黒澤明は俳優たちから集中砲火を浴びることになった。三船敏郎も、千秋実も、藤原釜足も、酒の勢いで黒澤明を非難したのだ。

「シゲちゃん（小林重夫）まで怒るのは、怒りすぎじゃないの？」

孤立無援となった黒澤明は苦笑した。

「おまえら役者はすぐ裏切る。裏切らないのはノンちゃんだけだよな」

ノンちゃんというのは野上照代である。野上照代は後で坂野義光たち助監督連中に言った。

「黒澤さんは、男の気持ちはわかってるけど、女の気持ちはわかっちゃいないね」

助監督一同、大笑いをした。

『隠し扉の三悪人』の御殿場ロケの際、三船敏郎が馬で敵を追うシーンを一本松と呼ばれる富士の一合目の登山道で撮影した。

富士山の南側8合目あたりにある宝永火口のところにポツンと小さな雲が現れるとみるみるうちに帯状に伸びて、一本松周辺に影を落とす。周りは晴れているのに、その現場だけ曇っているという状況が1週間も続いた。

黒澤明の頭の中には、走る馬上で三船が振り上げた刀が太陽にギラッときらめくイメージができあがり、焼きついている。そうなると、曇り空の下でカメラを回すわけにはいかない。

ようやく晴れて撮影したラッシュを見ると、Bカメラは望遠レンズで三船のアップをしっかり捉えているのに、メインカメラには三船の首から上と馬の脚しか撮れていなかった。また撮り直しである。

この時のロケは20日の予定が3カ月もかかってしまった。当時の東宝の副社長、森岩雄から「天候のいかんに関わらず、撮影されたし」という手紙が届いた時、黒澤明は「『七人の侍』の時は、こちら側に立って会社を説得してくれた人なのに、何たることだ！」と深酒をして怒り狂った。

『七人の侍』は、3カ月で終了する予定のスケジュールが丸々1年近くかかってしまっていた。

《※》
黒澤明（くろわさ　あきら）
1910～1998年。映画監督、脚本家。
東京都品川区に生まれ、画家を目指すが、1936年にP.C.L.映画製作所の助監督募集に応募し入社。P.C.L.映画製作所が東宝と合併後、谷口千吉の推薦によって山本嘉次郎監督のもとで助監督を務めた。1943年に『姿三四郎』で監督デビュー。1948年の東宝争議によって映画芸術協会設立に参加し、以降、争議終結まで他社で映画を製作。1950年に大映で撮影した『羅生門』が海外で高い評価を受け、ヴェネツィア国際映画祭金獅子賞とアカデミー賞名誉賞を受賞。国際的に注目される映画監督となる。『七人の侍』、『蜘蛛巣城』、『どん底』、『隠し砦の三悪人』、『用心棒』、『天国と地獄』、『赤ひげ』、『影武者』、『乱』など30本の監督作品を生み出し、1998年に脳卒中により88歳で死去。映画監督としては初となる国民栄誉賞も受賞した。

谷口千吉（たにぐち　せんきち）
1912～2007年。日本の映画監督。
東京都出身。早稲田大学文学部を中退し、1933年、P.C.L.映画製作所（後に東宝と合併）に入社。山本嘉次郎監督のもとで助監督を務め、1947年、三船敏郎の映画デビュー作となった『銀嶺の果て』で監督デビュー。以降、東宝ではアクション路線を担当し、「芸術の黒澤、娯楽の谷口」と称された。日本山岳会会員でもある登山好き。1970年の日本万国博覧会では公式記録映画の総監督も務めた。妻は女優の八千草薫。2007年、誤嚥性肺炎のため死去。享年95歳。

左卜全（ひだり　ぼくぜん）
1894～1971年。日本の俳優、オペラ歌手。
埼玉県入間郡に生まれ、1914年、帝劇歌劇団に第3期生として入団。オペラ歌手として歌やダンスを学び、舞踏家を目指したが帝劇歌劇団が解散し、俳優として小劇団を転々とした。1949年、今井正監督の『女の顔』において55歳で映画デビュー。山本嘉次郎監督の『脱獄』や黒澤明監督の『醜聞』などでの演技が認められ、名バイプレイヤーとしての地位を確立。歌手としても1970年に『老人と子供のポルカ』でデビューし、40万枚を売り上げる大ヒットを記録するが、翌1971年、癌のため77歳で没した。

パンフォーカス
被写界深度（写真の焦点が合っているように見える被写体側の距離の範囲）を深くすることによって、近くのものから遠くのものまでピントが合っているように見せる方法。被写界深度が浅い表現に比べて、パンフォーカスのほうが、より人間の視覚に近い表現であるとされている。「パンフォーカス」という用語は和製英語で、英語では

「ディープフォーカス」という。

2：名作『七人の侍』の裏側

『七人の侍』[※]は坂野義光が世界映画史の中でもいちばんの傑作と思っている作品だ。黒澤組の現場に入った坂野義光は、黒澤映画を語る際に避けては通れないこの名作のエピソードも数多く聞くことができた。

『七人の侍』の照明助手チーフ、荒井清一から坂野義光が聞いた話がある。

夜間オープンセットでカメラマンが「ライティングができました」といった途端、黒澤明から「照明部、全員集合！」と号令が掛かった。

スタッフはシャベルを持って10メートル間隔に直径1メートルぐらいの穴を掘らされた。その穴に5キロサンという大きなライトを埋めて、ワラ屋根の軒の切り口に向かって下から斜めに光を当てる。すると、ワラの1本1本が鮮やかに浮き上がって立体的に見えた。

「ああいうカメラマンもライトマンも思いつかなかったことをやって、それが素晴らしい効果を生んでしまうんだからなあ」

荒井清一はため息まじりに微笑んだ。

そもそも黒澤明はカメラのこと、美術のこと、音のこと、演技のこと、それぞれ人一倍にこなすことができるため、他の人がモタモタしていると、どうしてもイライラしてしまいがちだ。しかし、スタッフひとりひとりが精一杯自分の持ち場に集中し努力している時は、我慢強く待ってくれる。

それでも、手抜きが見えたときには容赦しない。

「徹底的にやれ！　これ以上はできないというところまでやれ！　お金を取って観せるんだから、それはお客に対する当然の義務だ！」

そうした黒澤明の精神を叩き込まれているスタッフも通常の映画撮影現場のスタッフから見れば奇行のような行動をとることがある。

セットができると、スタッフは柱の1本1本から高い天井まで一生懸命、拭き掃除をする。埃が落ちてくると、飲み食いのあるシーンで俳優が安心して食べられないという配慮からだ。フィルムには映り込まないところまで、3日でも4日でも、スタッフ全員で磨く。坂野義光が参加した当時にも、黒澤組ではそれが当たり前のことだった。

「そこは映らない、そこは見えないといったら、もうダメだよ」

黒澤明の職人魂を受けて黒澤組のセットは裏側まで作られていた。映像としては映らない引出しの中まで、役者がうっかり開けて変なものが入っていたら集中力が削がれるからと本物を入れておく。

「一生懸命やってりゃ、面白くなってくる。面白いから努力しちゃうんで、そこが肝心なんですよ」

それが黒澤明の口癖だった。

『七人の侍』の画面をはみ出すような合戦シーンは、スケジュールが大きくずれ込んだ2月、雪を溶かしながら泥田の中で撮影された。

撮影条件の厳しさ、過酷な条件の中でのスタッフと俳優が一丸となった熱情の凝縮がそのまま画像のエネルギーとなってほとばしり、画面外の空気を感じさせる圧倒的迫力がある。

この時、陣頭指揮をとっていた黒澤明は、その長身のため太股まで泥につかってしまい、本番が終わるとスタッフが大根を引き抜くように2、3人で引っ張り上げなければならなかった。寒さと泥の圧力で、黒澤明の足の爪はすべて真っ黒に変色してしまった。坂野義光が俳優の土屋嘉男から聞いた話によると、黒澤明の足の爪は納棺の時にも真っ黒のままだったという。坂野義光はその爪を『七人の侍』という世界映画史に残る名作を創りあげた黒澤明の勲章だと思っている。

『七人の侍』の合戦シーンを観て、あの村の実在感や、空気の動きを感じないものはいないだろう。

それは三次元空間の創出ということだ。写真は、もともと二次元のものである。それがフィルムとして動くことによって三次元のように見えるのだが、強烈なリアリティを感じさせるものは、数えるほどしかない。黒澤明の凄さは、二次元である映画という手法で、三次元を感じさせることだ。

細部に至るまで磨きに磨きをかけて、二度と繰り返せないドラマの実在感を創り上げる。坂野義光は、そこに黒澤映画の真骨頂があると考えている。

『七人の侍』はテーマ音楽もまた世界映画史に残る傑作だと坂野義光は語る。また、このテーマ曲は何度聞いても、黒澤明の顔が浮んできて涙が出そうになるという。

作曲したのは早坂文雄※。早坂文雄は黒澤明にとって人生最大の友であり、『酔いどれ天使』、『野良犬』、『醜聞』、『羅生門』、『白痴』、『生きる』、『七人の侍』から『生きものの記録』の途中までの作曲を担当した。

この早坂文雄こそ日本最高の映画音楽作曲家であると坂野義光は思っている。一方で、奇妙な縁もあった。

『七人の侍』の仕上げの段階ですでに結核に冒されていた早坂は、ビキニの水爆実験のニュースを見て「明日にも核戦争が起きるのではないか」と切実な恐怖を感じていた。この早坂の恐怖に対する黒澤明の共感が「生きものの記録」を生み出すことになったが、『生きものの記録』の音楽制作中に死去。1955年10月、その年の4月に東宝に入社したばかりの坂野義光は早坂文雄の告別式の受付に立つことになったのだ。

坂野義光が『七人の侍』の音楽の中でもとくに気に入っているのが、いよいよ野武士たちとの合戦が始まるという直前に菊千代役の三船敏郎が屋根の上に旗を立てるところで高らかに響くトランペットのソロだ。

このシーンに対して早坂文雄はフルオーケストラの壮大なスコアを書いていた。ところが、黒澤明は「壮大な音楽とダイナミックな映像を重ねてみると、お互いに殺しあってしまう」と感じた。絵と音楽が掛け算にならないのだ。

「全部、外しましょう」という黒澤さんの決断で、トランペット一本の演奏になった。夜、野外でステージの壁にぶっつけるようにトランペットを一晩中吹きまくって録音したので、成城の周辺住民から文句が殺到したという逸話が残っている。

映画監督と作曲家のぶつかり合いは、まさに真剣勝負だ。

映画は無声映画から始まったため、初期の映画監督には音感の優れた人物が少なかった。

その一方で、黒澤明はシナリオ執筆の段階から『新世界交響曲』や『展覧会の絵』などクラシックの名曲を聞きながら書く。黒澤明の頭の中では音のイメージがほとんどできあがっていて、それを超えるものを注文されるのだから作曲家は大変だ。

『七人の侍』のテーマ曲について、黒澤明が自伝『蝦蟇の油—自伝のようなもの』（岩波書店）に書いているエピソードがある。

早坂文雄が100曲書いたのだが黒澤明の気に入らず、屑籠(くずかご)から拾い出したのをピアノで弾いたら、「それだよ！」といったという話だ。

この話を坂野義光は黒澤明自身から何度も直接聞かされた。しかし、当時、早坂文雄の助手をしていた佐藤勝※に確かめたところ、実際は少し違っていた。

「あれは、黒澤さんの作り話ですよ。作曲家が大事な譜面を屑籠に捨てるわけがない。早坂さんは風で吹かれた床に落ちていたのを拾って弾いたんです。僕は側にいて見ていたのだから間違いないです」

早坂文雄亡き後は、この佐藤勝が黒澤映画の作曲を引き継ぎ、『赤ひげ』までのすべての作品を担当した。

『隠し砦の三悪人』に続いて『悪い奴ほどよく眠る』に助監督としてついた坂野義光は、この作品の音楽制作で見せた佐藤勝の対応に作曲家としての難しさを痛感した。

和田課長補佐役の藤原釜足が西幸一役の三船敏郎に車の中から自分の葬式を見せられるシーンがある。

黒澤明はこのシーンを1分半ほどに編集してアフレコルームで映写し、どの音楽が画面にぴったり合うかを確かめるため、積み上げた20枚ほどのレコードを次々にかけていった。すると、当時、流行っていた『シボネー』と『アモレ・ミーヨ』という2曲が画面にぴったりとマッチした。

黒澤明が佐藤勝にオファーを出した。

「佐藤君、この2つを足して2で割ったような曲を書いてきて」

坂野義光は「どんな曲ができてくるんだろう」と期待していたところ、まさに「2つを足して2で割ったような曲」ができてきた。

後日、坂野義光は佐藤勝の苦肉の感慨を聞いた。

「あれは『シボネ・ミーヨ』だね」

坂野義光が佐藤勝の仕事で傑出していると感じている音楽は『どん底』のラストの馬鹿囃子である。能で使う大皮鼓の響きが大好きという黒澤明の注文あってのことだが、この曲に触れた時、坂野義光は「伝統的音楽に現代的活力を吹き込みながら、文字通り『どん底』に住む庶民のエネルギーを活写して余すところがない」と感動すら覚えた。

音楽に限らず、黒澤明は音響効果についても徹底的なリアリズムの追及と、そのうえでのまったく新しい効果の発見にトライした。

『赤ひげ』の江戸時代の物売りの声は、情感を出すため50人ほどの俳優に江戸時代の扮装をさせ、オープンセットで一日がかりで録音した。

ゴジラの鳴き声を発明したことで知られる三縄一郎※という天才効果マン（音響効果技師）は黒澤明の厳しい要求を正面から受け止め、黒澤明が期待した以上の音を作り出した。『用心棒』では豚肉や鳥肉などさまざまなものを試し尽くして、肉を切るドサッという音を作って、従来の時代劇の立ち回りにはなかったリアリティと迫力を生み出し、その後の時代劇の音作りに大きな影響を与えた。

坂野義光から見て、黒澤明は特別変わったことをしたわけではない。こうした優れたスタッフの力をまとめ上げ、じつにオーソドックスに、ひとつひとつのカットを気が済むまで磨き上げ、積み上げていったのだ。

坂野義光の記憶に刻まれた黒澤明の口癖がある。

「俺は芸術家と呼ばれるより、映画職人と呼ばれるほうが好きなんだ」

坂野義光が助監督としてついていた頃から、「若い監督3人くらいに現場を撮らせて、黒澤さんは総監督で編集したらどうか」という話が出ていた。しかし、黒澤明は、最後まで現場を人任せにはしなかった。
黒澤明が徹底的にこだわった「現場での手作りの魅力」。坂野義光は、そこにこそ黒澤映画の原点があると考えている。そして、のちに『ゴジラ対ヘドラ』の監督に就任する時に真っ先に胸に抱いた「映画のテーマ性が、その作品をいつまでも鑑賞に堪えるものにする」ということも黒澤明から学んだことだった。

《※》

『七人の侍』
1954年に公開された日本映画。東宝製作・配給。ヴェネツィア国際映画祭銀獅子賞受賞作品。野武士の略奪を恐れた農民に雇われるかたちで集まった7人の侍が、さまざまな軋轢を乗り越えながら村を守ろうと戦う物語。主演は志村喬、三船敏郎。当時の通常の映画7本分に匹敵する制作費と1年余にわたる製作期間をかけて作られたアクション時代劇大作で、リアリズムに満ちたダイナミックな映像が人気を呼び、700万人という動員記録を打ち立てた。国際的にも極めて評価が高く、1960年にはアメリカで『荒野の七人』としてリメイクされている。

早坂文雄（はやさか　ふみお）
1914〜1955年。日本の作曲家。

宮城県仙台市に生まれ、幼時に北海道札幌市に移住。家庭の経済的事情により音楽学校への進学を断念し、カトリック教会でオルガン奏者として働いていた1935年、日本放送協会の祝典用管弦楽曲懸賞に応募した『二つの讃歌への前奏曲』が2位に入選して注目され、翌年、上京。東宝映画に音楽監督として入社した。以後、ピアノ曲、管弦楽曲、室内楽曲などで数々の音楽賞を受賞し、日本大学芸術科に新設された映画音楽の講師として就任。戦後は『羅生門』、『七人の侍』など黒澤明監督作品や『雨月物語』など溝口健二監督作品の音楽を手掛け、映画音楽の第一人者として活躍。1955年、長年にわたって患っていた肺結核により、享年41歳という若さで世を去った。

佐藤勝（さとう　まさる）
1928~1999年。日本の作曲家。
北海道留萌市に生まれ、国立音楽大学を卒業後、早坂文雄の門下生となる。1955年、早坂の死去により未完となった『生きものの記録』の音楽を遺稿をもとに完成させ、以降、『蜘蛛巣城』、『隠し砦の三悪人』、『用心棒』、『椿三十郎』など多くの黒澤作品で音楽を担当した。ゴジラシリーズにおいても『ゴジラの逆襲』、『ゴジラ・エビラ・モスラ南海の大決闘』、『怪獣島の決戦　ゴジラの息子』、『ゴジラ対メカゴジラ』などの音楽を制作。『日本沈没』、『幸せの黄色いハンカチ』、『皇帝のいない八月』、『遥かなる山の呼び声』、『地球へ…』、『陽暉楼』、『極道の妻たち』、『敦煌』、『釣りバカ日誌』など、300作品以上にのぼるさまざまなジャンルの映画音楽を手掛けた。1970年に開催された札幌オリンピックの音楽を担当したことや、『若者たち　空にまた陽が昇るとき』の作曲者としても知られている。

三縄一郎（みなわ　いちろう）
1918年、東京都文京区に生まれ、東京音楽大学を卒業。1942年に東宝映画に入社すると音響効果技師として活躍。『酔いどれ天使』から『まあだだよ』にいたるほとんどの黒澤明監督作品に参加。ゴジラシリーズにおいても第1作の『ゴジラ』から1984年に公開された橋本幸治監督による第16作『ゴジラ』までの多くの作品でも音響効果を担当し、東宝映画、東宝特撮の音響効果をリードした。ゴジラの独特の鳴き声は伊福部昭の発案により、松ヤニをつけた手袋でコントラバスの弦をこすり、その音を三縄一郎がテープを逆回転させるなど加工して作った。

3：人材育成の名人だった山本嘉次郎

坂野義光が師と仰ぐ黒澤明にも師と仰ぐ存在の映画監督がいる。

『真珠湾攻撃』、『ハワイ・マレー沖海戦』などを監督した山本嘉次郎※である。

黒澤明自身も映画監督になるまでには紆余曲折があった。

黒澤明は26歳で画家になることを断念し、それまでに描いた絵をすべて焼き捨てて映画界に入ったが、最初に助監督としてついた作品で、ちょっとした事件が起きた。

セットの庭に置いてあった張子作りの灯篭を見た時、黒澤明はみすぼらしいものと感じた。

「こんなものを撮しては日本映画の恥だ」

黒澤明が灯篭を担いで移動しようとしている時、監督の怒声が飛んだ。

「黒澤！　何をやってるんだ！　俺はそれを狙っているんだ！」

若く、自分の美学に対して信念を抱いていた当時の黒澤明にとって、その監督の狙いを理解し納得することは困難だった。

「映画監督というのは、こんなレベルの仕事なのか」

絶望した黒澤明は辞表を書いた。

しかし、当時の撮影所長・森田信義が黒澤明を説得した。

「映画監督には、いろんな人がいるんだよ」

森田信義は黒澤明を山本嘉次郎につけた。以来、黒澤明は『馬』まで山本嘉次郎に師事することとなった。

坂野義光は黒澤明が山本嘉次郎について言及した言葉を覚えている。

「俺は撮影現場で『俺なら、こう撮る』と、いつも考えつづけていたんだ。ところが、自分が考えつかない演出を山さんがやる時があるんだね。そういう時は、さすがに自信を失いかけたことがあるよ」

そう語る黒澤明自身の演出にしても、坂野義光はじめ助監督たちには考えつかないことばかりだった。

「俺たちは、とてもじゃないけどダメだな……」

沈み込む坂野義光たちに、黒澤明はウィスキーを傾けながら、慰めるようにいった。

「がっかりすることはないよ。監督というのは『ルーペの節穴』から見ているんだ。助監督は横から見ているから見えるわけがない。監督になった途端にスカーッと見えてくるから大丈夫だよ」

黒澤明は山本嘉次郎のことを「山さん」もしくは、「ヤマカジさん」と呼んでいた。東宝では監督のことを「さん」付けで呼ぶ慣わしだった。

黒澤明は自伝『蝦蟇の油―自伝のようなもの』（岩波書店）で山本嘉次郎の印象を次のように書き記している。

「助監督を育てるためには自分の作品を犠牲にしてもいい、と考えているとしか思われないやりかただった」

坂野義光は黒澤組の作品と並行して、山本嘉次郎の『善太と三平物語―風の中の子供』、『東京の休日』、『孫悟空』、『銀座退屈娘』の4本で助監督を勤めた。

李香蘭主演の『東京の休日』では、山本嘉次郎から撮影を任された。

「坂野君、これを撮影してきなさい」

任されたのはオープンセットでの80人の大衆シーン。ひとりひとりの動きをつけて、初めての「ヨーイ、スタート！」。その緊張感と爽快感は今でも坂野義光の記憶に新しい。

山本嘉次郎は博識で知られていて、『話の泉』というラジオ番組にも出演していた。実際、坂野義光の目から見ても、何でも知っているとてつもない物知りだった。そして、その背景には山本嘉次郎の強い好奇心があると感じた。

山本嘉次郎はロケハンの時、見たことがない看板があると、わざわざ車を止めて見に行くこともあった。

自宅に招かれた時には、赤い硯のようなものを出してきて、坂野義光に向かって面白そうに尋ねた。

「坂野君、これが何か、わかるかね？」

坂野義光が悩んでいると、満面の笑顔で教えてくれた。

「それはカレーを作るためのスパイスを擦りつぶす道具で、ここからやらなければ、本当のカレーはできないのだよ」

何歳になっても笑顔が素敵な好々爺。それが坂野義光が抱いた山本嘉次郎の印象だった。85歳を迎えた坂野義光が今なお強い好奇心を抱き、勉強を怠らず、笑顔を絶やさないのは、山本嘉次郎の薫陶が生きているからなのかもしれない。

《※》……………………………………………………

山本嘉次郎（やまもと　かじろう）
1902〜1974年。映画監督、脚本家、随筆家。
東京都中央区銀座で生まれ、慶応義塾大学卒業後の1920年、『真夏の夜の夢』で俳優デビュー。日活に入社し助監督を務めるかたわら『春と娘』の脚本も手掛けた。その後、P.C.L.映画製作所（後に東宝と合併）で「日本の喜劇王」と呼ばれていた榎本健一（エノケン）の映画を数多く監督。1941年には黒澤明を助監督に『馬』を、翌年には円谷英二を特技監督に『ハワイ・マレー沖海戦』を監督している。戦後は数多くの脚本や随筆を執筆。1960年代には東宝の俳優養成所の所長として後進の指導にあたったが、その豊かな博識と人柄から「ヤマカジ先生」と呼ばれ尊敬を集めた。1974年、動脈硬化のため死去。

4：映画作りにおける「効率」を教えてくれた成瀬巳喜男

黒澤組に4本ついた後、坂野義光は成瀬巳喜男監督※の『妻として女として』のセカンド助監督を担当した。森雅之、高峰秀子、淡島千景の三角関係を描くホームドラマである。

成瀬組に入る前に坂野義光はある噂を聞いていた。

「成瀬さんはカチンコ切ったら出来上がり」

その伝説は本当だった。

編集は、まず音で切って手早くつないでいく。セリフが始まる前6コマ、セリフが終わってから8コマと、画を見ずに編集マンが全編をつなぐ。この作業に2日。こうして作られた編集ラッシュを見て、20カ所ほど手直しをするとオールラッシュ試写となる。3日で完成というスピードだ。

その省エネぶりは撮影現場でも発揮された。

ラスト近く、当時は子役であった星由里子と大沢健三郎の姉弟が親たちの口論に嫌気がさして家を飛び出し、踏み切りの側で二人で話し会うシーンがあった。

セリフは台本で2ページ半もある。

坂野義光たち助監督はもちろんスタッフ全員が「夜間ロケの終了は早くても10時頃か」と予測していた。

撮影が開始されると、成瀬巳喜男は踏み切りに直角に交わる道の50メートルほど手前にカメラを据えて、子役たちに指示を出した。

「はい、向こうへ歩いて行って」

星由里子と大沢健三郎が踏み切りの手前に着く。

「はい、そこで止まって」

電車が来ると再びカメラを回す。

「こっちへ向いて歩いてきて」

同ポジ（同じポジションから同じ画角で撮影すること）で電車が通過するカットを撮影し、その日は3カットだけを撮って7時半には終了した。

後日、オープンセットの静かな環境で星由里子と大沢健三郎にじっくりと芝居をつける。二人の前に六角形柱のミラーを置き、強いライトを照射して回転させると、通過する電車の窓あかりのように子供たちの顔に断続的に光があたる。そして、仕上げの段階で「カンカンカン」という踏切の効果音を入れると、まさに踏み切りのすぐ側でロケをした感じになったのだ。

「撮り方そのものにムダがない」

坂野義光は感嘆した。

ムダがないという意味では、成瀬巳喜男は作品を予算内に収めることにも長けていた。

坂野義光は成瀬巳喜男の言葉を記憶している。

「映画監督というのは、『あきらめ』の商売です。どこで妥協するかの判断が肝心です。60点でOKを出せば、つまらない作品になります。黒澤さんのように95点まで頑張ろうとすれば、普通の監督は予算オーバーして職を失います」

映画というものは、すべてのシーンが一発OKというわけにもいかないので、フィルムの使用量は当初の予定をオーバーしてしまう。しかし、当時はフィルム代が高かったため、無制限に増えてしまっては予算が破綻する。当時の東宝における通常1作品当たりのフィルムの許容量は2・5倍。しかし、成瀬組は1・8倍くらいで2倍までいかない。撮影時間も午前9時から午後5時で、時間内にきっちり終わる。

こうして予算を守りながらも、常に水準以上の作品を仕上げることができるのが成瀬巳喜男という監督だった。

坂野義光の印象としては、作品のスタイルは松竹の小津安二郎監督※に似ている。坂野義光はスタッフ仲間から聞いたことがあった。

「松竹の責任者・城戸四郎さんが『小津はふたり要らない』と言われたので、成瀬さんは東宝に来られたんだよ」

とはいえ、坂野義光自身は小津安二郎の『東京物語』よりも成瀬巳喜男の『浮雲』のほうを作品として数段高く評価していた。

ある日、坂野義光は成瀬巳喜男に懇願した。

「監督。『浮雲』のような作品をまた撮ってください」

成瀬巳喜男は優しい笑顔を浮かべて静かに答えた。

「あれだけの本が書けるライターがいなくてね」

坂野義光の脳裏には今でも、いつもニコニコしていた成瀬巳喜男の笑顔が浮かぶ。

スタッフのことも、撮影進行のこともすべてを把握しているので、助監督は何もすることがないといってもいいほどだった。シナリオには薄い鉛筆の線で描かれたカット割りがあるだけで、誰にも見せない。チーフ助監督がそっと覗いて段取りを知られると、わざと撮り方を変えてしまうといういたずらっぽいところも持っていた。

しかし、その一方で、成瀬巳喜男は現場のすべてを見抜くリアリストでもあった。役者やスタッフの動きから心理まで見通して、テストや本番を「今、スタートをすれば最高の結果が出る」というタイミングを見計らってカメラを回す。結果は、ほとんどワンテイクOK。その手腕を坂野義光は「恐ろしいぐらいだった」と振り返り、当時、黒澤明も一目置いて、尊敬していたという。出目昌伸※監督も市原悦子の著書『やまんば』（春秋社）の対談で「東宝の助監督時代に成瀬さんにつけなかったのが悔やまれる」と語っている。

常に穏やかな表情をしていた成瀬巳喜男だが、俳優がアーティキュレーションが不明瞭な話し方をして、「このぐらいでOKにしてくれないかな……」というような表情を見せた時には容赦しなかった。10回、15回とNGを出して、できるまで徹底的に時間をかける。『妻として女として』の現場でも、そういう状況は森雅之と淡島千景で1回ずつあった。しかし、高峰秀子では一度もなかったという。

坂野義光はある日の朝7時頃、結髪部で準備をしていた高峰秀子に聞いた話を、今でも鮮明に覚えている。

「私が14歳の頃は『ラーメン食べたい！　チョコレートが食べたい！』というと50人もの大人が撮影を中断して待ってくれたの。でもね。ある日、『これではいけない』と反省して、そういうわがままを一切、やめにしたのよ」

坂野義光は感嘆した。

「成瀬監督の演出に応え、長年、スターの座に坐り続けるには、それだけの反省力が必要なのだ」

のちに坂野義光は『ゴジラ対ヘドラ』を35日間で全カットを撮り切ることになる。しかも、撮影したカットは1カットもムダにすることなく、すべて使った。

「それが実現できたのは成瀬さんのおかげです」

坂野義光は今でも成瀬巳喜男への感謝の念を忘れてはいない。

《※》

成瀬巳喜男（なるせ　みきお）
1905～1969年。映画監督。
東京都新宿区四谷に生まれた1905年8月20日が巳の年、巳の月、巳の日だったため「巳喜男」と名付けられた。1920年、松竹蒲田撮影所に小道具係として入社するが助監督を務めるようになり、1930年、『チャンバラ夫婦』で監督デビュー。1934年にはP. C. L. 映画製作所（後に東宝と合併）に移籍し、翌年に監督した『妻よ薔薇のやうに』がキネマ旬報ベスト1に選出。同作品は1937年にニューヨークで『Ｋｉｍｉｋｏ』という英題で封切られ、アメリカで興行上映された初めての日本映画となった。東宝争議に際して映画芸術協会に参加。フリーの立場となり、1955年には最高傑作とされる『浮雲』を監督。文芸映画を中心に大衆映画まで幅広いジャンルで活躍したが、とくに女性映画の名手として知られた。1969年、直腸ガンのため死去。享年63歳。

小津安二郎（おづ　やすじろう）
1903〜1963年。映画監督、脚本家。
東京都江東区深川に生まれ、幼時に三重県松坂市に転居。1922年に松坂市にあった宮前尋常高等小学校（現存せず）の代用教員となるが映画への愛着を捨てきれず、翌年、松竹蒲田撮影所に入社。1927年に初監督作品『懺悔の刃』をクランクインするが完成直前で召集がかかり入隊。除隊後、映画監督に復帰するが軍報道部映画班に徴収されて赴いたシンガポールで終戦を迎え抑留。1946年に復員すると1949年に原節子を初めて迎えた『晩春』を発表すると、1953年には『東京物語』によって国内外から高い評価を得た。『秋刀魚の味』を監督した翌1963年、癌により死去。享年60歳。

出目昌伸（でめ　まさのぶ）
1932〜2016年。映画監督。
滋賀県八日市市に生まれ、早稲田大学文学部を卒業後、1957年に東宝に入社。黒澤明、堀川弘通、古澤憲吾らの助監督を務め、1968年、『年ごろ』で監督デビュー。青春映画路線で活躍した後、東宝を退社。1970年代にはテレビ作品『俺たちの勲章』、『俺たちの旅』で人気を博した。1980年代からは東映で『天国の駅』、『玄海つれづれ節』などを監督。1995年には『きけ、わだつみの声』で第19回日本アカデミー賞の優秀監督賞を受賞。2006年には『バルトの楽園』を監督するが、2016年、膵臓癌のため死去。享年83歳。

5：多くの映画監督のもとで

1955年に東宝に入社した坂野義光の同期には恩地日出夫、木下亮、森谷司郎らがおり、彼らに比べると坂野義光が監督になったのは最も遅かった。助監督に就任した1957年から数えると坂野義光は『ゴジラ対ヘドラ』の監督となるまで13年かかっている。その間、坂野義光は数多くの監督に師事した。稲垣浩、佐分利信、谷口千吉、岡本喜八、鈴木英夫、丸林久信、橋本忍、久松静児、川崎徹、丸山誠治、福田純、松林宗恵、坪島孝、本多猪四郎などの先輩たちのもとで多くのことを学んだ。

1955年8月、堀川弘通※の処女作『あすなろ物語』が封切られた時、東宝文芸部にいた坂野義光は「これは素晴らしい監督が出てきた」と狂喜した。『あすなろ物語』は久我美子、岡田茉莉子、根岸明美らが出演したオムニバス青春映画。後で聞いた話では、この作品はシナリオ作者の黒澤明が編集を担当し、リテイクに次ぐリテイクで予算オーバーとなってしまったという。

堀川弘通は『七人の侍』のチーフ助監督を勤めていたため黒澤明の完璧主義の薫陶を受けていたが、会社上層部の「黒澤のマネをしていてはダメだ」との判断から、監督になった後で成瀬組に2本、助監督としてついた。

坂野義光はこの時に堀川弘通が作ったノートを見せてもらった。使用したカットの前後ひとコマずつを順番にノートに張りつけて、そのコマの右側にセリフを全部書き込んでいた。

堀川組はスタッフに人気があり、皆が参加したがっていた。それは、スタッフのいい意見はどんどん取り入れてくれるからだ。司葉子主演『別れて生きるときも』という作品で堀川組の助監督を勤めるチャンスが坂野義光に巡ってきた。

ところが、オールラッシュを観ると長すぎて間延びし、ちっとも面白くない。堀川弘通も見終わると、ひと言もしゃべらず、黙って帰ってしまった。

そして、翌日。堀川弘通は1000フィート（約11分）ばかりをバッサリと切り落とした。途端に引き締まった作品になる。驚く坂野義光に堀川弘通はいった。

「全体が見えなくなったら、監督業はお終いだ」

坂野義光は、堀川弘通の最高傑作はクライマックスのドラマの凝縮性が素晴らしい『女殺油地獄』だと考えている。

「おれは頭が悪い。だから人一倍努力する。そうしなければ、この世界で生き残って行けない」

と遅刻常習犯の新人俳優に懇々と忠告をしていたのは、『ニッポン無責任時代』で植木等の才能を引き出し、当時のサラリーマンの閉塞感をぶち破った古澤憲吾※だ。

「それ飛べ！　それ走れ！」

当初はおとなしかった植木等は古澤憲吾の爆発的エネルギーに乗せられて縦横無尽に飛び回り、その奔放な動きは鬱屈したサラリーマンの心情に大きくアピールした。

効率よく撮影するため、ライティングを変えないで片方からのカメラアングルをまとめて先に撮ってしまう「中抜き」という撮影方法がある。この時、シーンが飛んでしまうため監督が俳優に段取りを説明することになり、その説明に相当の時間が掛かるのが通例だが、古澤憲吾は自分が納得すると、すぐに撮影に入る。

「シュートするッ！」

「待ってください。まだライティングが……」

「もたもたするなッ！　シュートだ、シュートッ！」

鍋や釜を叩くような騒々しい撮影現場は、水を打ったように静かだった成瀬組とは全くの別世界だった。

古澤憲吾は絵コンテは使わず、撮影のための克明なカメラポジションが書き込まれた撮影の段取り表を使った。毎夜、午前2時まで奥さんと自宅で動いてみて決めていたものだ。

ところが、撮影中、どう考えてもカメラポジションが逆位置に入ってしまうケースがあった。

坂野義光が「監督が変えたのだからいいのかな?」と遠慮しながら聞いてみると、古澤憲吾から叱責された。

「なぜ早く言わないッ!」

叱責されながらも、坂野義光には古澤憲吾の現場にかけるエネルギーとスピード感が心地良かった。

坂野義光は、当時15歳だった酒井和歌子を初めて銀幕に登場させた『今日もわれ大空にあり』という古澤憲吾作品でチーフ助監督を担当した。「ブルー・インパルス」というF86ジェット機のアクロバット飛行チームが主役の作品で、航空自衛隊の全面的協力のもとに製作された。

浜松の航空自衛隊飛行場でのロケでは古澤憲吾が強く要望した。

「夜間着陸をどうしても撮りたい」

坂野義光は着陸する飛行機の正面の滑走路に地上6メートルほどのイントレ(カメラを高い位置に載せるための台)を組み、その上にカメラを据えた。消防用ホースで土砂降りの雨を降らす。F86が着陸態勢に入り、二つのヘッドライトが高度を下げて正面から近づいてくる。

ところが、着地してカメラの直前で右旋回をした時、ジェット機の左翼の先端がカメラの側に立ててあった支木を跳ね飛ばした。イントレからわずか1メートル。危うくカメラごとなぎ倒されるところだった。

「俺を殺すのかッ！」

坂野義光はスタッフに怒鳴られたが、事情を聞くと、パイロットが正面からのライトで目が眩んだのだという。

そうした危うい場面もあったが、1カ月にわたって70人の撮影スタッフが坂野義光の号令一下、キビキビと動き回る現場は航空自衛隊から「自衛隊より規律あり」と評価された。

坂野義光にとって古澤憲吾から教わったのは映画の撮影現場でのことだけではない。

古澤憲吾の最後の作品は東京キッドブラザースとヨーロッパロケをした作品だが、この映画が東宝配給にならなかった。そのため、多額の借金を背負ってしまった古澤憲吾は家を失い、駐車場の守衛などをしながら企画活動を継続した。『無責任シリーズ』であれだけ社会にも会社にも貢献する仕事をした映画監督に対して、あまりにも報われない晩年なのではないかと坂野義光は考えている。

「黒澤さんですら晩年は経済的に苦労された」

映画監督の映画著作権、生活保証の問題など未解決の問題が数多くあるが、現在にいたってもなおクリエイターに対するリターンは薄いといわざるをえない。

「功績のあるプロデューサー、監督、撮影監督、美術監督らに利益を還元する映画製作の仕組みを作って行かなければ映像業界に未来はない」

今も坂野義光の胸に刻まれている決意の背景には、かつて撮影現場で触れた古澤憲吾のエネルギッシュでスピード感に溢れた姿がある。

《※》

堀川弘通（ほりかわ　ひろみち）
1916～2012年。映画監督。
京都府に生まれ、東京帝国大学文学部を卒業した1940年、東宝撮影所製作部に入社。最初に山本嘉次郎の『馬』に助監督として参加。この時にチーフ助監督を務めていた黒澤明と仲良くなった。入社1年後に肺を病んで1年半休職。復帰後に黒澤明が監督を務めた『一番美しく』、『続姿三四郎』に参加するが軍隊に召集される。復員して東宝に戻ると黒澤組に復帰して『わが青春に悔いなし』でチーフ助監督を務めるが、完成後、病が再発し3年半の休職。『生きる』、『七人の侍』の助監督を務めた後、1955年に『あすなろ物語』で監督デビューを果たした。その後、成瀬巳喜男の『驟雨』、『妻の心』の助監督につくと1957年、『女殺し油地獄』を監督。以後、『裸の大将』、『黒い画集・あるサラリーマンの証言』などの話題作を発表した。2012年食道癌のため死去。享年95歳。

古澤憲吾（ふるさわ　けんご）
1919～1997年。映画監督。
佐賀県鳥栖市に生まれ、日本大学専門部美学科を卒業した1943年、東宝に入社したが、同年、海軍航空隊に入隊。1944年、陸軍省の命令で東宝が製作した『加藤隼戦闘隊（山本嘉次郎監督）』で助監督を務めた。終戦を迎えて復員した後、日本大学に復学。1947年に卒業すると、翌1948年、東宝の監督部に入部。市川崑、本多猪四郎、稲垣浩らの助監督を務めた。1959年、『頑張れゴキゲン娘』で監督デビュー。1962年に監督した『ニッポン無責任時代』が大ヒットとなり、以後、クレイジーキャッツの映画を多数手掛けたほか、加山雄三主演の『若大将』シリーズをはじめとする娯楽映画のメガホンをとった。1970年、東宝を退社した後は映画製作の機会に恵まれず、晩年は消化器販売や駐車場の管理人、建築現場の交通整理をして生計を立てていた。

第4章　映像エンタテインメントの新たな世界

1：東宝水中撮影班設立

長く助監督を続けていた坂野義光にひとつの転機が訪れた。

ジャック・イヴ・クストー[※]の『沈黙の世界』を観たのだ。ジャック・イヴ・クストーはスキューバダイビングのレギュレーターを発明した海洋学者で、フランス海軍の将校でもあった。

スキューバで使うボンベには酸素が入っていると勘違いをしている人が多いが、実際には150気圧の圧縮空気が入っている。地上での気圧が1気圧ということは周知のことだが水深10メートルでは2気圧、水深50メートルでは6気圧になる。そうした周囲の気圧に合わせてボンベ内の圧縮空気を送ることができる装置がレギュレーターだ。

『沈黙の世界』はフランス・イタリア合作映画で、ジャック・イヴ・クストーがフランス映画界の巨匠ルイ・マルと共同監督して製作した海洋記録映画である。

そもそも坂野義光は映像に対してひとつの信念を抱いていた。

「映像とは誰も見たことがない景色を見せることが大きな要素だ」

『沈黙の世界』で、かつて誰も見たことがない映像の世界に感動した坂野義光は「日本映画も、もっと撮影の次元を広げなければならない」という観点から、東宝に水中撮影班を作ろうと思い立った。

企画の練り込みが始まった。坂野義光は「海」と「魚」がタイトルにつく100冊の本を読み、助監督で1年後輩の西村潔、美術の立川博章とともに『ランデブー計画』というプランを作成した。

太平洋中を取材してテレビ・ドキュメンタリー・シリーズ番組を制作するとともに、撮影条件の良い場所に海底ハウスを沈設して劇映画の製作にも活用する。さらに、日本とアメリカからスターを呼び、太平洋上でテレビと映画の撮影班ならびに俳優がドッキングするという構想である。当時の1962年と1963年、ソ連の宇宙船「ボストーク」が軌道上でランデブーするという快挙があったことから、坂野義光はこの構想を『ランデブー計画』と名づけた。

この計画の推進には東宝ビルドの元社長・天辰大中という無類のアイディアマンが活躍した。1964年に東京オリンピックが開催され、日劇でその生中継を日劇で上映するために最先端の映写機器「タラリア」が活用された。今でいうライブビューイングだ。解像力はあまりよくなかったが、初めてのオリンピックの映像が劇場で、それもリアルタイムで見ることができると話題になった。

このため東宝は、「タラリア」をアメリカから2台購入していた。この映写機器は1台1億円。2台で2億円が投資されたが、その後、使用されずに倉庫に眠っていた。

このタラリアを「『ランデブー計画』の海底ハウスに設置し、窓の映像合成に使って活用する」

という名目で、天辰大中が東宝本社役員会の了承を取ってくれたのだ。

さらに、もうひとつのきっかけとなったのが『南太平洋の若大将』の製作だった。『若大将』シリーズは加山雄三を主演として高度経済成長期の大学生の恋とスポーツを描く娯楽映画で、1960年代には東宝のドル箱シリーズとして大ヒット。シリーズ第10作にあたる『南太平洋の若大将』は監督に古澤憲吾を迎え、東宝35周年記念作品としてハワイ、サイパン、タヒチでのロケも予定されていた。

坂野義光は撮影所でスタッフを公募。助監督、カメラ助手、照明、美術など11人のスタッフが伊豆富戸で1カ月の合宿を行ない、海洋学者でもある工藤昌男をアドバイザーとして迎えて潜水訓練を受けた。機材は当時としては画期的な35ミリフィルム用水中ブリンプ※2台、600ワット水中ライト2台など本格的なものを開発。訓練は無事終了し、できあがった水中撮影のパイロット・フィルムも好評。この時、東宝東和のタイトルバックに使用する「海中から見た太陽」の映像撮影を受注、納品した。

水中撮影班設立にかかった予算は全部で1000万円を超えたかと思われるが、『南太平洋の若大将』の製作費の中で処理された。

『南太平洋の若大将』がクランクインすると坂野義光はB班監督を担当するため、水中撮影班5名とともにタヒチから飛行機で北へ1時間、ボラボラ島の手前にあるライアテア島へと向かった。

「ライアテア島の桟橋の目の前、水深30メートルの海底に沈没船が沈んでいる。そこへ若大将の加山雄三とその恋人役の前田美波里が潜水する」というシーンを撮影するためであった。

当時はまだ現地に潜水設備はなく、24本のボンベなど潜水機材一式を航空便でタヒチへ運ぶと保険代も含めて200万円の費用がかかった。帰りは機材だけを船で送ってみると、時間はかかったが14万円。東宝にしてもまだ海外ロケに関して経験の浅い時代だった。

現地に着くと、沈没船は全長50メートルほどの赤さびた骨格だけが残され、船の形骸そのままが海底に鎮座していた。

撮影しなければならないシーンは次のようなものだった。

「加山が美波里の手を引いて沈没船に案内する。廃墟のような鉄骨の船尾から船内に入り、船首に向かって潜っていく。右へターンして船外に出る。船腹すれすれに船尾まで戻ってきたところで、美波里のレギュレーターのホースが船の一部に引っかかる。加山が美波里に自分のボンベを渡し、彼は息を止めたまま水面へ浮上する……」

さっそく前田美波里の猛特訓が始まった。

前田美波里は潜水の経験がほとんどなく、ハワイで素潜りを2日間練習してきただけだったのだ。

「ダメです！」

グラマラスなビキニ姿の前田美波里が水面に顔を出し、「マスクに水が入って、うまく潜水できない」と悲しげに訴える。だが、沈没船がある水深30メートルまで潜らなければ撮影はできない。水中でのボンベの交換は、通常の潜水教室では5日めに行なう上級カリキュラムである。しかし、そんな時間的な余裕はない。

「これは無理かな？」

内心では不安を感じながらも坂野義光は、前田美波里に対して少しずつ慎重に潜水指導を続けた。

「落ちついて、落ちついて……。大丈夫だから」

ここで、前田美波里は驚くべきプロ根性を発揮した。ようやく潜れるようになったばかりだというのに、テスト1回、本番1回で、慎重に、冷静に、見事に潜水演技を成功させたのだ。加山雄三も「海の男」と呼ばれる才能を存分に発揮した。水深30メートルから息を止めて水面に浮上するというパフォーマンスは通常の人にはできるものではないが、彼もまたその離れ業を1回で決めて見せた。

ライアテア島での水中撮影は滞りなく終了し、水中撮影班の初陣は見事な成果を収めた。水中撮影という映像エンタテインメントの新たな世界に挑みはじめた坂野義光の前に、さらなる扉が現れた。

国家的事業として位置づけられていた大阪万国博覧会の開催時期が迫っていたのである。それは、映像の大型化と体験型映像エンターテインメントの時代が始まることを意味していた。

《※》

ジャック・イヴ・クストー

1910～1997年。フランスの海洋学者。

1930年にフランス海軍に参加し、潜水用の呼吸装置としてスクーバ（商品名はアクアラング）を発明。調査船カリプソ号で海や海洋生物の研究を行ない、書籍や記録映画を通して海洋への啓蒙活動を展開した。1956年にルイ・マルとの共同監督で発表した『沈黙の世界』は、それまで誰も見たことがなかった深海をドキュメンタリーとして描いた映画として高い評価を集め、カンヌ国際映画祭で最高の栄誉とされているパルムドールを受賞した。『クストーの海底世界』というテレビシリーズも好評を博し、日本でも日本テレビ系列の『驚異の世界・ノンフィクションアワー』で放送された。1957年には海軍を退役してモナコ海洋博物館長に就任。1959年には「海の国連」と呼ばれる世界水中連盟を設立。1992年の地球サミットでは、海洋汚染や環境破壊に対して警告を発し、母国の核実験再開を激しく非難した。

ブリンプ

ブリンプとは本来、長い楕円形体を表す言葉で、一般的には飛行船の種類を意味する。映像機器の用語として使われる際には防音や防震、防水などを目的として使われるカバーやケースをいい、葉巻型もしくは飛行船型の形状からブリンプと称されている。

西村潔監督（左）と坂野義光（右）

2：大型映像の実験場となった大阪万国博覧会

1960年後半は「いざなぎ景気」と呼ばれる高度経済成長のピークに差し掛かっていた。大阪万国博覧会[※]はそうした状況下で行なわれる国際的なイベントだけに政府や多くの企業が競うようにパビリオンを出し、展示物に力を入れた。大企業グループの平均的なパビリオンの広さは6000㎡で予算は20億円。大きなものだと50億円に達した。そして、パビリオンの多くがアトラクション的な映像作品に力を入れようとしていた。

その状況は坂野義光にとって大きなチャンスだった。映像エンターテインメントの新しい可能性を追い求めていた坂野義光にとっては大阪万博の3年前、1967年に開催されたモントリオール博覧会の映像展示が大変参考になった。

「映像博」と呼ばれたモントリオール博覧会[※]では、映像内のバレリーナがフレームアウトしたところから実物のバレリーナが登場し、再びスクリーンの陰に引っ込むとそこから映像が続くといった「ライブパフォーマンスと映像の連動」をはじめ、十字型のスクリーンや、天井や床に映像を映したりと、いろいろな映像の映写方法が導入され、映像の見せ方そのものに、さまざまな実験的トライアルが行なわれていたのだ。

当初、坂野義光は東宝水中撮影班の技術を売り込むために、大阪万博で政府が出展するテーマ館の計画に企画スタッフの一員として参加した。
総合プロデューサーは今日出海（こんひでみ）で、通産省の担当係長は池口小太郎。彼はその後、堺屋太一というペンネームで『油断』という小説を書き、大阪万博と沖縄博の政府出展テーマ館での実績をもとに大プロデューサーに成長することになる。

政府サイドのスタッフが最初に提示してきた原案は、直径20メートルの巨大な水球の中にトンネルを作って、その中を観客が通るという案だった。しかし、これは多大な予算もかかり危険性がある。そこで、坂野義光は『海中バス』というシミュレーション・映像システムを提案した。

観客は、まず潜水艇に乗り込む。潜水艇の周囲は正面と左右をスクリーンで囲まれていて、そこに映像を流す。映像は35ミリの4パーフォレーションが普通だが、『海中バス』では35ミリの8パーフォレーション映像をつなげて大型化する。観客は潜水開始からさまざまな海中シーンを体験したのち、浮上、帰還するという映像アトラクションである。

『海中バス』の企画は採用され、「きっと大評判になって、行列ができるぞ！」と期待されていた。しかし、ソフト製作発注段階で状況が変化した。

東宝は政府館のメインテーマ映像のコンペにも参加していた。そこでプレゼンしていたのは、市川崑を監督に迎えての『富士山』だ。この『富士山』が受注に成功。そのため、「政府館が同じ会社にふたつの大型発注をするのは好ましくない」という流れが出てきた。『海中バス』の製作は「200メートル潜れる潜水艇を持っている」という理由で読売映画社に決まってしまった。

自分の企画が通ったのに、仕事にならなくてガッカリしていた坂野義光に声をかけてきた男がいる。

坂野義光を「ゴジラを飛ばした男」と表現するなら、「ゴジラを生んだ男」と表現するべきプロデューサー、田中友幸[※]である。

田中友幸は当時、東宝内で藤本真澄と並んで「プロデューサーの双璧」と呼ばれるほどの活躍をしていたが、藤本真澄のように東宝本社の役員ではなく、一匹狼の立場であった。

田中友幸には持論があった。

「映画のプロデューサーは、創りたいものが創れるか、うんとお金が儲かるか、どちらかがなければ、やる意味がない」

日本映画の年間入場者数は1958年がピークで11億人を超えたが、その後、テレビやレジャーが一般的に普及した影響で急速に減少し、1969年には5億人にまで半減していた。

生涯223本の劇映画をプロデュースした田中友幸自身は「代表作は?」と聞かれて「ゴジラだ」と答えている。「現実に起こり得ないことを、特撮でリアリティたっぷりに画面に出すこと、その面白さこそが東宝のプロデューサーとしていちばん親しく付き合わせていただいた『ゴジラ』大ヒットの要因だ」とも語っている。田中友幸が生み、育て、愛した『ゴジラ』シリーズでさえ映画衰退という大きな時代の流れの中で無傷ではなかった。映画界は田中友幸が求めるものを失いつつあった。

大阪万博に際して三菱グループから「『三菱未来館』の総合プロデューサーを担当して欲しい」との依頼を受けた田中友幸はイベント映像のプロデュースの道に勝負を賭けたのである。

坂野義光は田中友幸からの申し入れを快諾。三菱未来館のプロジェクトに映像・音響演出担当として参加することとなった。

三菱未来館のテーマは「日本の人と自然」。田中友幸はアトラクション型の映像展示を企画していた。

観客が入口でエスカレーターに乗ると、美しい四季の部屋へ導かれる。そこからムービングベルトに乗って、「嵐の部屋」と「火山の部屋」という二つのブースを通過する。そこでは上下左右前後360度が映像に取り囲まれ、観客は映像と音響による三次元の世界に包まれて自然の驚異を体感することができるという内容だった。

展示時間は全体で20分。「嵐の部屋」と「火山の部屋」の通過時間はそれぞれ70秒。万博が開催されると各パビリオンの入場者数が話題になると予測されていた。観客の回転率を考えれば、長い時間を要するアトラクションである必要はない。しかし、多くのパビリオンでさまざまな映像展示が企画されている以上、内容で遅れをとるわけにはいかない。大阪万国博覧会はもはや「大型映像の実験場」という様相を呈していた。

田中友幸と坂野義光は、この三菱未来館で世界初の展示手法を作り上げた。

1970年大阪万国博覧会　三菱未来館外観

まず、70ミリの映写機2台を用意し、横20メートル、高さ9メートルのスクリーンに大型映像を対面映写。さらに、スクリーンに対して3度内側に狭めるように傾斜させて鏡を設置。この箱のようにブースを取り囲んだ鏡と大型スクリーンの組み合わせによって、映り合った映像が観客を360度包み込む効果を生み出す。

坂野義光たちは、この映写方式を「ホリミラー」と名付けた。

プロジェクトの全体像が固まり、新方式導入の目処もついた。そうなると、プロジェクトにとって最大の課題は「嵐の部屋」と「火山の部屋」の映像クオリティをいかに上げるかということになる。

田中友幸は最高の人材を用意した。

「嵐の部屋」のコンテンツ制作は「特撮の神様」、円谷英二が担当することとなったのだ。

《※》
大阪万国博覧会
正式な名称は日本万国博覧会。1970年、大阪府吹田市の千里丘陵で「人類の進歩と調和」をテーマに開催された。国際博覧会としては日本のみならずアジアで初めての開催となり、参加国は77カ国。総入場者数は6421万8770人に上り、当時は史上最大の規模を誇った。

モントリオール博覧会
1967年、カナダのモントリオール市で「人間とその世界」をテーマに開催された国際博覧会。カナダ建国100周年を記念して企画され、62カ国が参加。総入場者数は5031万人。モントリオールを本拠地としたメジャーリーグの野球チームは、この博覧会を記念してモントリオール・エクスポズ（現：ワシントン・ナショナルズ）と命名された。

田中友幸（たなか　ともゆき）
1910～1997年。映画プロデューサー。
大阪府柏原市に生まれ、関西大学経済学部を卒業。大阪協同劇団での演劇活動を経て、1940年、大宝映画に入社。同年に東宝京都撮影所、翌年に東宝映画に転じ、1944年に東宝東京撮影所に移った。1947年、東宝争議にともなって退社するが、1952年に復社。1954年に『ゴジラ』以降、東宝の怪獣・SF映画のほとんどをプロデュース。黒澤明、岡本喜八監督などの作品も手掛け、文芸・喜劇路線の作品をプロデュースしていた藤本真澄と並んで東宝の黄金時代を牽引した。1971年には日本創造企画を立ち上げて社長となり、以後、さまざまな博覧会でパビリオンのプロデューサーを務めた。その一方で、東宝映像、東宝映画の代表取締役を歴任するが、1997年、脳梗塞により死去。享年86歳。

3：東宝特撮の伝統と実績を生み出した円谷英二

『ゴジラ』シリーズの「生みの親」と呼ばれる人物はプロデューサーの田中友幸だけではない。

1946年からビキニ環礁で数度の核実験が行なわれたことを受けて、田中友幸はある着想を得た。

「仮に、ビキニ環礁近くに恐竜が眠っていて、水爆実験のショックで目を覚まし、異常発達して日本へ上陸してきたらどうなるか？」

田中友幸は、この着想をもとに香山滋に原作を依頼。香山滋が物語としてのゴジラの生みの親となる。

人類が作り出した水爆に人類が復讐される……。テーマは水爆に対する恐怖だ。

しかし、製作会議にかけられた『ゴジラ』※に対し、東宝の企画部全員が反対した。

「こんなものが映画になるわけがない」

それでも、製作担当役員の森岩雄がただひとり賛成。企画は極秘に進められた。こうして、森岩雄はゴジラの企画そのものの生みの親となった。

映画『ゴジラ』の生みの親は本多猪四郎監督※だ。では、ゴジラの造形、すなわち姿形の生みの親は誰か？

田中友幸と相談しながら半年をかけてゴジラの造形に取り組んだ人物が、精密なミニチュアを駆使する独自の特殊技術撮影のパイオニア、円谷英二※だった。

円谷英二は映像作りに優れているだけの人物ではない。

もともと飛行機の操縦士を夢見て日本飛行機学校の第1期生として入学した円谷英二は、在学中に同校が閉鎖され、旧制東京電機学校（現：東京電機大学）に入学した後、学費稼ぎのアルバイトとして玩具の考案・発明に携わり、この時、足踏みギアのついた三輪車である「自動スケート」や「自動スピード写真ボックス（現在の証明写真ボックス）」を発明している。

1931年には衣笠貞之助監督の『黎明以前』で日本で初めてのホリゾント（背景の幕）撮影を行なった。現在、デジタル合成などでも使われる青いホリゾントを使用する「ブルーバック」という技法も円谷英二によって考案されたものである。

円谷英二は映像人であると同時に、独創と工夫の人でもあったのだ。

1937年、東宝が設立されると森岩雄に招かれて東宝東京撮影所に入り、精密なミニチュアと光学合成を駆使した特殊撮影の技法を編み出し、1942年の『ハワイ・マレー沖海戦』の高評価により、映像表現としての特撮の地位を確立させた。ちなみに「特撮」という言葉も円谷英二の考案によるものだ。

1954年、『ゴジラ』が大ヒットしたことで、円谷英二の特撮は海外でも高い評価を受け、円谷特撮の作品というだけで、製作中から海外の映画会社が契約を結びに来日するほどまでになった。

さらに、1966年には円谷特技プロダクション製作によるテレビ特撮番組『ウルトラQ』が放映開始。続く『ウルトラマン』の放映によって怪獣ブームを生み出し、「特撮の神様」と呼ばれていた。

坂野義光と円谷英二との出合いは、坂野義光が『日本海大海戦』※のB班監督を担当したことだった。

その準備段階で坂野義光は、古澤憲吾監督の『青島撃滅命令』を参考試写で観た。ラストシーンの、列車がトンネルの中を走るアクションと爆破の迫力が坂野義光の印象に残った。特撮美術を担当した井上泰幸の話によれば、御殿場にかなり大掛かりなロケセットを組んで、日数をかけて丁寧に撮影したものだという。

ところが、一緒に試写を観ていた円谷英二が上映後、ボソッとつぶやいた。

「今回は、とてもあそこまでは行かないね」

当時、技術は進歩するものと単純に考えていた坂野義光は驚いた。

理由は予算の削減だった。この頃にはすでに映画の観客数は激減、製作費が大幅に縮小されていたのである。

『日本海海戦』のために最初に円谷英二が制作した絵コンテは坂野義光の目から見ても素晴らしいものだった。岸壁の埠頭に横づけされた船に乗り込む200人の大衆の俯瞰カットなど、実現すればさぞかし迫力ある映像になると想像された。しかし、そういったシーンはすべて削除され、実際に撮影できたのは、最低限のつなぎのような部分で、スケール感が全然出せないものとなった。コンテが痩せてしまったのだ。

それでも円谷英二はセットにカメラを据えると、木のミニチュアを一本一本、植えていった。この方法では、1日に2、3カットしか撮れないが円谷英二は妥協しない。

「これぞ、まさに手作りによる職人芸の世界。この職人芸が『ゴジラ』をはじめ東宝特撮の伝統と実績を生み出してきたんだ!」

坂野義光は円谷英二の執念ともいえるような職人魂に感嘆した。

その円谷英二が大阪万博三菱未来館の「火山の部屋」の溶岩流シーン撮影のため、川崎にある朝日製鉄鶴見工場にロケセットを組んだ。直径2メートルほどの溶鉱炉の中でうごめくドロドロに溶けた真っ赤な鉄の映像を撮影したが、溜まっている鉄では流れている感じがうまく出ない。

田中友幸から坂野義光に指令が出た。

「世界中、どこでもいいから火山噴火の実物を撮ってこい！」

坂野義光は特撮カメラマンの真野田陽一と助手の3人でハワイ島にあるキラウエアに向かった。

撮影の前日、ロケハンに向かった坂野義光たちがキラウエア山腹の溶岩の亀裂から下を覗き込むと、50メートルほど下方に赤いマグマ溜りが見えた。

案内人のレンジャーがいう。

「レベルが下がっているから、しばらく噴火はないでしょう」

坂野義光は「ハワイの火山の女神の名は『ペレ』といい、ペレはジンが好き」と聞いていたので、ジンの小さなボトルを火口に投げ込んでおいた。

翌朝6時、坂野義光の部屋の電話が鳴った。

「噴いたぞ！」

スタッフとともに現場に駆けつけてみると、昨日のジンに女神ペレが喜んだのか、マグマの固まりが噴出していた。高さ80メートル、幅30メートルに盛り上がった真っ赤な、地獄のような火の坩堝。まさに、大自然の驚異としかいいようがない。坂野義光は20時間前、まさに、その中に、その空間に自分が立っていたことが信じられず、身震いした。

素早く撮影の準備をすると坂野義光たちは溶岩から200メートルほどの距離まで近づいてカメラを回す。辺りからはシュウシュウと蒸気が噴出していた。

夜になると、600メートルほど離れた丘の上から800ミリの望遠レンズで撮影した。赤というより、金色の波しぶきが画面いっぱいに踊っていた。

キラウエアでの撮影は大成功。坂野義光は意気揚々と日本に帰った。

しかし、帰国後まもなく、坂野義光は大悲報に接することになった。

「嵐の部屋」に使う渦潮を撮影するために赴いた鳴戸のロケ現場で心臓発作を起こした円谷英二が、そのまま帰らぬ人となってしまったのだ。「嵐の部屋」のコンテンツは円谷特撮の後継者と呼ばれた中野照慶と坂野義光でともに完成させてほしいという田中友幸からの申し出を坂野義光は快諾した。円谷英二に対して「少しでも恩返しができれば」との思いだった。

坂野義光は二つの部屋の映像制作に没頭した。

「このアトラクションは円谷英二さん最後の仕事。絶対に最高のものにしなければ……」

坂野義光と同様に、田中友幸にもそうした思いがあったのだろう。田中友幸もまた、全体プロデュースに全力を注いだ。三菱未来館のアトラクションは観客がムービングベルトに乗って移動する。その導線を確認するために田中友幸は何度も自らアトラクションを体験し、ギリギリまで直しを入れた。予算は大きく膨らんで26億円に達したが、田中友幸はその金策や交渉にも走り回った。

そして、1970年3月14日、アジアで初めての国際博覧会となる日本万国博覧会が大阪府吹田市の千里丘陵で開催された。

《※》

『ゴジラ』

1954年に東宝が公開した特撮怪獣映画。本多猪四郎監督。

当時、社会問題となっていたビキニ環礁の核実験に着想を得たプロデューサーの田中友幸が香山滋に原作を依頼。企画段階で反対の声ばかりが上がる中、製作担当役員の森岩雄がただ一人賛成して製作が進行。円谷英二の圧倒的な特撮映像、伊福部昭の独創的な音楽などの魅力も相まって961万人の観客を動員する大ヒットとなり、以降の特撮怪獣ブームの出発点となった。核廃絶や平和への祈りというテーマ性も高く評価されて海外でも大評判となり、ゴジラはハリウッド・ウォーク・オブ・フェームに登録されている唯一の日本のキャラクターともなっている。

本多猪四郎（ほんだ　いしろう）

1911〜1993年。映画監督。

山形県鶴岡市に生まれ、東京、神奈川へと転居。1931年に新設されたばかりの日本大学芸術学部映画化の第1期生として入学。卒業目前にP.C.L.映画製作所（後に東宝と合併）に入社し、卒業すると山本嘉次郎や成瀬巳喜男の助監督につく。入社後、3度にわたって徴兵され、終戦は中国で迎えた。復帰後の1951年、『青い真珠』で劇映画を初監督。『太平洋の鷲』以降、円谷英二とのコンビで多くの特撮映画を監督。『ゴジラ』で世界的に知られる監督となると、MGM配給で『地球防衛軍』、コロムビア映画配給で『美女と液体人間』、『宇宙大戦争』、『モスラ』、ユニバーサル映画配給で『キングコング対ゴジラ』、『キングコングの逆襲』、ユナイテッド・プロダクションズ・オブ・アメリカ配給で『サンダ対ガイラ』がそれぞれ全米公開された。1971年に東宝を退社。円谷英二との縁で『帰ってきたウルトラマン』や『ミラーマン』などテレビ作品の監督を務めた後、『影武者』以降の黒澤明監督作品の演出補佐を担当。『夢』ではB班の監督や特殊効果の指揮も務めた。『まあだだよ』の撮影終了後、風邪をこじらせ、呼吸器不全のため死去。享年81歳。

円谷英二（つぶらや　えいじ）
1901〜1970年。日本の特撮監督、映画監督、撮影技師。
福島県須賀川市に生まれ、日本飛行機学校の第1期生として入学するも在学中に閉鎖。旧制東京電機学校（現：東京電機大学）を卒業してカメラマンとなるが1921年、兵役。除隊後はカメラマンとして京都で活躍。1937年、東宝が設立されると森岩雄に招かれて東宝東京撮影所に入り、1942年の『ハワイ・マレー沖海戦』の高評価により、映像表現としての特撮の地位を確立させた。1947年、東宝争議に失望し、独立して円谷特殊技術研究所（現：円谷プロダクション）を設立。1954年、『ゴジラ』が海外でも高い評価を受け、テレビでも『ウルトラQ』、『ウルトラマン』で怪獣ブームを生み出した。モントリオール博覧会を視察した際にはアメリカで『エド・サリヴァン・ショー』にも招かれて出演している。1969年12月、大阪万博三菱未来館の映像撮影のための鳴門ロケで体調を崩し、年が明けた1970年1月25日、療養していた静岡県伊東市の別荘で気管支喘息に伴う狭心症により死去。享年68歳。

『日本海大海戦』
1969年に東宝が公開した戦争映画。田中友幸製作。丸山誠治監督。三船敏郎、加山雄三、仲代達矢などの豪華キャストを起用し、日露戦争を題材に開戦から旅順攻略、日本海海戦までを描いている。円谷英二が特技監督をした劇場用映画としては実質的に最後の作品となった。

4：三菱未来館の成功が開いた監督への扉

万博が開催されると同時に三菱未来館には長蛇の列ができた。何度も体験したがるリピーターが続出したためである。

観客はエスカレーターで日本の美しい四季の部屋へ導かれた後、ムービングベルトに乗って「嵐の部屋」と「火山の部屋」という二つのブースへと入っていく。ブースに入ると、ホリミラーシステムによって観客は映像と音響による三次元の世界に包まれる。

「嵐の部屋」は、あの「特撮の神様」こと円谷英二の遺作だ。観客は視覚と聴覚だけでなく、五感全てが刺激される圧倒的迫力に驚いた。

「火山の部屋」では坂野義光がハワイのキラウエアで撮影してきた本物の噴火映像を体感する。前後上下左右、全面を真っ赤な溶岩流で取り巻かれた火のトンネル。噴き上げるマグマ。耳をつんざく地鳴りと轟音。全身をすっぽりと包み込まれ火焔地獄を通過した途端、おばあさんが叫んだ。

「ワーッ！　地獄みたいだ！」

観客は生理的苦痛の一歩手前という絶妙のタイミングで「火山の部屋」から開放され、引き続きムービングベルトに乗って未来の「空」、「海」、「陸」を描いた映像を体験する。

世界中から集まったSF作家グループも大いに感激した。『地球の長い午後』で知られるイギリスのSF作家、ブライアン・オールディス※は飛び上がらんばかりに喜び、続けて7回も繰り返しムービングベルトに乗った。『2001年宇宙の旅』や『地球幼年期』で知られるアーサー・C・クラーク※も感激し、坂野義光が差し出した『都市と星』の本にサインを残した。

三菱未来館が大評判となっていたある日、政府館のアトラクションを企画していた頃に懇意にしていた通産省の企画担当官が声をかけてきた。

「坂野さん、何とかなりませんかね」

政府館のほうは動員が伸び悩んでいた。企画段階では大入りが予測された例の「海中バス」である。坂野義光が観てみると、潜水艇で実際に撮影した海中映像がぼんやり、延々と映っているだけのコンテンツだった。

映像そのものがつまらなければ、いくら見せ方に趣向を凝らしても客は入らない。

大型映像のシャープネスを決定するには3つの要素がある。スクリーンの反射の輝度、ランプの明るさ、そして、いちばん重要になるのはネガの大きさ。アイマックスが優れている要素は15キロのライト、15パーフォレーションの大きなネガを採用していることにある。映像がしっかりと映るためには映写機の窓のところに1秒間に24コマ動いてきてピタッと止まらなければならない。それを空気圧を利用したバキューム方式で実現したのがアイマックスだ。しかし、アイマックスでシステムを組み上げるには6億円かかる。

三菱未来館でも解像力不良の現象は起きていた。球体スクリーンに中側から220度の魚眼レンズで映写するものだったが、16ミリフィルムを使用したため解像力が落ちてしまったのだ。実写では無理と判断した坂野義光は、開館後、アニメーションでコンテンツを作り直した。これを担当してもらった安井悦郎には、後日、『ゴジラ対ヘドラ』のアニメーション・パートを依頼することになった。

春が過ぎ、夏になっても三菱未来館の人気は衰えることなく続き、万博開催期間の半年間で1155万6268人の観客を動員。出展した企業パビリオンの中でも群を抜く成績を収めた。

こうした大成功を受けて、万博の終了近くになって三菱未来館のホリミラー・スクリーンを

「どこかへ移設して残そう」という計画が進められた。フロリダのディズニーワールドからも打診があったが、宝塚遊園地が第一候補だった。

交渉が難航する中、坂野義光は三菱未来館の館長を叱咤激励する田中友幸の言葉を聞いた。

「ここで諦めたらタダの人だ。どんな手を使ってもいいから、もうひと押しやってこい！」

この粘り腰こそ、田中友幸の真骨頂である。結局、この時は宝塚遊園地との商談は成立せず、ホリミラー・スクリーンは「サイコラマ」と改名されて、後日、八王子の「サマーランド」に建設された。

日本万国博覧会の開催期間は9月13日まで。終幕が近づきつつあった8月のある日、坂野義光は田中友幸から「三菱未来館のクロージングの演出を考えてくれ」という依頼を受けた。

田中友幸はさらに続けた。

「うまくいったら監督にしてやる」

坂野義光は奮い立った。1955年東宝入社の同期には恩地日出夫、木下亮、森谷司郎らがいて、彼らはすでに監督になっていた。入社以来13年。坂野義光の歩みは同期の中でも最も遅かった。

しかし、半年間で1155万人が通過、体験した展示空間を、どのように締めくくるかという演出は簡単なことではない。

映画制作の現場を体験してきていた坂野義光の胸には黒澤明以降、多くの監督たちから伝えられてきたある思いがあった。

「映画はひとりで完成させられるものではない」

密度の濃いお祭りの場で苦楽をともにしたスタッフたちは、閉会式の後、それぞれの生活の場に帰り、二度と会うことはない。パビリオンは閉会式翌日から解体作業に入る。博覧会が終われば、すべて消えてしまうのだ。この夢の空間を鑑賞する機会は永遠に失われてしまう。

坂野義光はスタッフ全員でアトラクションそのものを共有する演出を考えた。

9月13日、最後の観客を送り出したあと、坂野義光はナレーション、音楽、効果音の一切をストップした。流れるのは別れの曲、『蛍の光』のみ。その中で全スタッフに、あらためて展示空間を通過・体感してもらうことにしたのだ。

コンパニオンだけで126人。それに三菱グループ36社から派遣された職員やメンテナンス・スタッフらを加えると関係者は総勢300人近くになる。スタッフたちはエントランス・ホールのエスカレーターに次々と乗り込んでいった。三菱未来館総合委員長を務めた三菱商事副社長の寺尾一郎、総合プロデューサーの田中友幸、館長を務めた田中忠平たちもブースへと吸い込まれていく。

激しい嵐や火山の映像に包まれながら、そこに流れる音は『蛍の光』のみ。ひとりひとりの脳裏に、半年間の思い出が走馬灯のように駆け巡ったことだろう。

ムービングベルトを降りた出口に人々が溜まった。コンパニオンたちの目には涙が溢れている。男たちの目にも熱いものがあった。支配人を務めた大坪稔が胴上げされた時、感動は最高潮に達した。坂野義光の演出は大成功だった。

田中友幸が坂野義光にオファーを出した。

「新しいゴジラ映画を考えてくれ」

坂野義光の監督就任が決定した。

魚眼レンズを持つ坂野義光

《※》

ブライアン・オールディス
1925年〜。イギリスの小説家、SF作家、評論家。
1958年に発表した最初の長編SF『ノンストップ』でヒューゴー賞新人作家賞を受賞。1962年の『地球の長い午後』でヒューゴー賞を受賞すると、その後も数々の賞を受賞し、イギリスを代表するSF作家のひとりとなる。短編『スーパートイズ』はスティーヴン・スピルバーグ監督の映画『A.I.』の原案ともなっている。

アーサー・C・クラーク
1917〜2008年。イギリスのSF作家。
第二次世界大戦ではイギリス空軍の将校としてレーダーによる早期警戒システムの構築に関わり、戦後はロンドン大学で物理学と数学を専攻。人工衛星による電気通信のリレーというアイデアを科学雑誌『ワイアレス・ワールド』に寄稿し、現在、通信の基幹となっている衛星通信の構想を初めて科学的に示した。1950年代から1970年代にかけては『前哨（映画『2001年宇宙の旅』の原案）』や『地球幼年期』、『都市と星』など豊富な科学的知識と壮大な着想に裏打ちされた傑作を次々に発表。ロバート・A・ハインライン、アイザック・アシモフとともに「ビッグ3」と称される活躍を見せた。2008年、心肺機能不全により死去。享年90歳。

第5章　『ゴジラ対ヘドラ』

1:『ゴジラ対ヘドラ』に託した社会性

1954年、第1作『ゴジラ』が日本で封切られた時、「ビキニ環礁の水爆実験が生んだ怪獣の姿を通して科学文明への警鐘を鳴らす」という文明批評的メッセージを持っていたにもかかわらず、映画評論家のほとんどは「ゲテモノ映画」として無視し、正当に評価することはなかった。

それに対し、三島由紀夫は「これぞ、文明批判の力を持った映画だ!」と絶賛。小津安二郎、手塚治虫、淀川長治、水木しげるら一部の著名人からも高い評価を得た。さらに、アメリカで追加撮影・再編集版が『GODZILLA, King of the Monsters !』として上映された時には「核実験が生み出した怪獣には文明批評という見事なテーマ性がある」と激賞され、再上映された『ゴジラ』は日本国内でも大ヒットし、その後、28作品へと続くロング・シリーズの出発点となった。

しかし、そうした大ヒットは大きなジレンマも生み出した。子供たちを含む多くの世代の次回作への期待がシリーズの性質を少しずつ変えていったのである。第1作こそ科学文明を批判する硬質なメッセージ性を持っていたゴジラ映画だったが、人気が高まるにつれて怪獣同士の戦いに主眼が置かれたり、ゴジラの息子が登場したりと子供向けの娯楽作品へと変貌していた。

坂野義光がオファーを受けたゴジラ映画はシリーズ第11作め。

「監督を引き受けるからには、それまでの娯楽路線のゴジラ映画とは全く違う作り方をしたい。それには、第1作のようにきちんとした文明批評的なメッセージが必要だ」

その年の7月、東京杉並区で、グラウンドで体操をしていた女子高生たちが光化学スモッグのためにバタバタ倒れるという事件が起きた。水俣病の公害訴訟もメディアでクローズアップされていた。

坂野義光自身も、万博が開催されていた大阪から車で帰京する途中、富士市に差し掛かると製紙工場はじめ立ち並ぶ煙突群からは黒煙がもうもうと上がり、スモッグが立ち込めて昼間も暗い有様を見ていた。川も汚染されて泡だらけ。海岸近くは、卵が腐ったような汚臭がみなぎり、波打ち際には膨大な量の洗剤の泡が風に舞っていた。

当時は日本経済の高度成長がピークを迎え、各企業はこぞって大阪万博に出展し、日本の未来はバラ色に見えていた。しかし、実際は工場廃棄物や自動車の排気ガスなどにより、人間も、自然の生命も蝕まれつつあった。

「今、ゴジラを通して訴えるべき文明批評的なメッセージは公害だ」

坂野義光は確信したが、公害を正面切ってテーマとするには大きなリスクも考えられた。

アメリカでレイチェル・カーソン※の『沈黙の春』が出版されたのは１９６２年。農薬のために昆虫や鳥が死んでいく危機を訴える内容で、現在では「環境問題のバイブル」ともいわれる本だが、農薬会社や農薬の恩恵を受けている農家を敵に回すことになる問題をアメリカ社会に問うことは、当時としては命がけのことだった。

日本においても企業活動から発生している公害を社会に問うことは、まだ環境問題という意識が広まっていない状況であっただけに多くの企業を敵に回すことになりかねなかった。

それでも、坂野義光は田中友幸に尋ねた。

「現代の最大の社会悪は公害です。ゴジラの敵役は、公害怪獣でもいいですか？」

田中友幸から返事が返ってきた。

「いいだろう」

ゴジラ・シリーズ11作めは公害怪獣で行くことが決まった。

《※》
レイチェル・カーソン
1907〜1964年。アメリカの生物学者。
アメリカのペンシルバニア州に生まれ、ジョンズ・ホプキンス大学の修士課程で遺伝学を学んだ後、アメリカ連邦漁業局に勤務。1941年に『潮風の下で』、1951年に『海辺』、1962年に『沈黙の春』と著作を発表した。農薬問題を告発した『沈黙の春』を読んだケネディ大統領は大統領諮問機関に調査を命じ、DDTの使用禁止や環境保護運動の拡大に貢献した。一方、保守層からの反発、批判は出版当時から現在に至るまで継続的に続いている。

『沈黙の春』を執筆中から患っていた癌により1964年に死去。享年56歳。

2：シナリオ作成の苦闘

坂野義光は万博開催期間中に簡単なストーリーを作成して、田中友幸に提出した。

「宇宙から飛来した未知の生命体がヘドロの中で急速に成長する。どんどん巨大化する公害怪獣を激怒したゴジラが倒す」という物語である。

大阪万博の終了直前、『ゴジラ対ヘドラ』のシナリオ第一稿を田中友幸に見せられた坂野義光は、その質の低さに驚いた。

「この出来栄えはどういうことだ？」

シナリオを担当したのは馬淵薫※。『空の大怪獣ラドン』、『地球防衛軍』、『ガス人間第一号』、『妖星ゴラス』、『マタンゴ』、『サンダ対ガイラ』、『キングコングの逆襲』などを執筆した経験あるベテラン・ライターである。

「こんなはずはない」

坂野義光は「ゴジラ」シリーズ28本の中で第1作のシナリオが最も良くできていると感じて

いて、それには監督であった本多猪四郎の真剣な思いが底流に流れていたからだと思っている。

本多猪四郎監督は『第二次大戦の敗戦後、中国戦線から帰国した時に列車の窓から見たヒロシマの原爆の廃墟の光景は一生忘れられない』と語っている。そういう自らの体験に基いてドラマ創りに力を入れられたことが、戦争反対という明確なメッセージを生み出すうえで大きな働きをしている。

しかし、目の前にある『ゴジラ対ヘドラ』のシナリオ第一稿からは、そうしたメッセージは伝わってこない。

全面的な書き直しを決意した坂野義光は事情の詮索は後回しにして、大阪万博の終了後、車での帰郷途中、初めて中山道を通り、馬込に投宿して新しいストーリーをひとりで書き直した。

宇宙から飛来した未知の生命体が、公害廃棄物のシンボルであるヘドロの中へと落下する。

文明の進歩が生み出した環境を温床として生命体は急速にヘドラへと成長する。

ヘドラは成長に応じて、オタマジャクシのような海中期、カエルのような歩行期、空飛ぶ円盤のような飛行期と姿を変え、公害を撒き散らす。適切な手を打たなければどんどん拡大して、あらゆる地球の生物が死滅してしまうが、人類の打つ手はヘドラに対して通用しない。

そこに、地球の環境を大きく破壊するヘドラに対して怒ったゴジラが登場。死闘の末、富士山麓でヘドラを倒す……。

ストーリーを田中友幸に見せて了解を得た坂野義光は長野県の宿屋に馬淵薫と二人でこもり、シナリオの改訂稿を作成することになった。

その第一声、坂野義光は馬淵薫に対し、シナリオ第一稿をどういうつもりで書いたのかを問いただした。

馬淵薫は正直に本音を語った。

「このところ何作品か新人監督とやってみたが、みんな失敗した。だから、どうせ今度もダメだろうという思いもあったのかもしれない。それで軽く書き流してしまったんだ」

初めて監督を務める坂野義光にとって『ゴジラ対ヘドラ』には一世一代の勝負がかかっている。作品に賭ける自分の覚悟を語る坂野義光を前に、馬淵薫もモチベーションを取り戻した。

本気で取り組むとなると馬淵薫の筆さばきは論理的で緻密、慎重かつ確実で魅力があった。

しかし、遅々として進まない。

焦った坂野義光は、自身が潜水経験者だったこともあり、主人公が海中でヘドラに襲われるシーンをどんどん書き進めた。

それを見た馬淵薫は怒った。

「おまえひとりで書くなら、俺は帰る！」

「待ってください！」

時に気難しい大先輩をなだめ、時に激論し、シナリオ改訂稿はようやく完成した。

《※》

馬淵薫（まぶち　かおる）
1911～1987年。脚本家。
大阪府に生まれ、関西大学を中退し、1930年に日本共産党に入党。10年間入獄した後、日本共産党佐賀県委員長を務める。1950年に離党し、関西大学時代からの演劇仲間であった田中友幸や志村喬らと縁が深い東宝で脚本家として活躍。『空の大怪獣ラドン』、『地球防衛軍』、『ガス人間第一号』、『妖星ゴラス』、『マタンゴ』、『サンダ対ガイラ』、『キングコングの逆襲』など東宝特撮ファンにとっては馴染み深い作品の多くを手掛けている。

3：低予算の中での苦闘と新機軸

『ゴジラ対ヘドラ』の企画がスタートした当時、テレビの台頭や娯楽の多様化の中で日本映画は危機的な状況に置かれていた。東宝も製作本数が激減し、売り上げも悪化。『ゴジラ』シリーズも旧作の短編再編集版が続いていた。

さらに、この年、1970年初頭の1月25日に「特撮の神様」と称された円谷英二監督が世を去った後、東宝特撮の主要スタッフの多くが退社したり異動されるなどして、『ゴジラ』シリーズの屋台骨ともいえる特撮現場は混乱していた。

こうした本社の不振や現場の混乱を受け、『ゴジラ対ヘドラ』の製作予算はシリーズの中で最も低いものとなった。少ない予算を有効に使うため、坂野義光は知恵を絞った。

「『ゴジラ』シリーズであるからには特撮シーンで手は抜けない。特撮に重点を置くために、それ以外のところは極力安くできるようにしよう」

坂野義光はいくつかの留意点を設定した。

1. ドラマ部分のセットを少なくする。
2. 小数の登場人物。スターを使わない。
3. 無駄なシーン、セリフをそぎ落とす。
4. 仕上がり尺数を極力短くする。

まず、ドラマ部分の撮影はほとんどロケ撮影とし、セットは主人公・矢野博士の研究室とゴーゴークラブの二つだけ。そのセットの素材も大阪万博三菱未来館の特撮に使用した小道具などを流用した。

さらに、キャスティングも徹底的に絞り込んだ。

『ゴジラ対ヘドラ』の登場人物は極めて少ない。

海洋学者の矢野夫妻とその6才の息子、若いカップル、年寄りの漁師と主要な登場人物は6人。若者のカップルを演じた柴本俊夫と麻里圭子は当時まったくの新人で、ギャラの高いスターはひとりも登場しない。

セリフが多く難しいと思われた6才の子供の役は、オーディションで川瀬裕之という勘と理解力に優れた子役との出会いに恵まれた。後日、坂野義光は、この川瀬裕之が『どですかでん』で黒澤明監督に起用された俳優だったと知った。

予算削減のために坂野義光は自らも体を張った。潜水調査中の矢野が海中でヘドラに襲われるくだりの海中撮影をダイビング・スーツを着て演じたのだ。

撮影場所は伊豆の富戸海洋公園沖。カメラは東宝水中撮影班の市原康至が担当した。

「大きなオタマジャクシのようなヘドラを見つけて、岩に隠れる。目の前を通過したヘドラが正面から迫って来る」というシーンを、水深20メートルに沈設した廃棄物の実景シーンとともに1日で撮影終了。驚いてヘドラを見つめる眼のクローズアップだけを、後日、セットで山内明に水槽越しに演じてもらって一連のシーンは完成した。

低予算に苦しめられた『ゴジラ対ヘドラ』だったが、坂野義光には譲れない一線があった。それは、「子供だけでなく、大人の観賞にも耐えるものにする」ということだった。大人の観賞に耐えるためには、明確なメッセージがいる。そのためには、現代の悪である公害を象徴的かつリアル描く必要がある。大ステージ内にプールを組み、海面を覆って次々と押し寄せるゴミの絨毯を再現した。針のない柱時計。手足のもげた人形。本物の魚。そのシーンを延々と撮影したため腐敗が進み、耐えられないほどの悪臭の中での作業となった。

「狂気」を描くゴーゴークラブのシーンにも工夫を凝らした。

坂野義光がイメージしたのは当時、赤坂にあった『MUGEN』というゴーゴー・クラブ。立錐の余地もないフロアで踊る若者たち。アメーバー状に映し出されるカラフルな照明が明滅する。柴本俊夫が演じる若者が酔っ払って、踊っている人々の顔が魚に見える幻覚症状……。

このシーンは後にレジェンダリー・ピクチャーズのトーマス・タル会長が坂野義光と会った時に開口一番に褒めた場面だが、スクリーン上で展開された赤、黄、緑、オレンジなどの原色の巨大なアメーバ状の模様がロックのリズムに合わせてうごめいているように見える照明は極めてアナログな手法によって生み出されていた。

開発したのは「ペコちゃん」というニックネームで呼ばれていた女性ライト・アーティスト藤本晴美。シカゴのゲイバーの照明を参考にして開発したもので、ブリキの四角いお盆に入れたサラダオイルに赤、黄、青、緑などの色素を溶かし、音楽のリズムに合わせて、手でペコペコと動かし、それに強いライトを照射して、スクリーンに映し出す。ヘドロから出てきたヘドラの粘っこいヌルヌルした泥のようなイメージを象徴させるのにぴったりの照明だった。

坂野義光は本番で『ＭＵＧＥＮ』の照明スタッフに東宝のスタジオに来てもらい、セットのリアスクリーンに照射して撮影した。


公害という環境破壊の危機感やリアリティを描くためには音楽も重要な要素となってくる。『ゴジラ』シリーズの音楽は第一作から伊福部昭[※]が作曲してきていた。『ゴジラ』の代名詞ともいえる「ズズズン、ズズズン、ズズズズズズズン……」という有名なテーマ曲も伊福部昭の作品だ。

伊福部昭は音楽のエリートというわけではない。卒業したのは北海道帝国大学農学部。管絃学部のコンサートマスターとなり、札幌フィルハーモニック弦楽四重奏団を結成するなど音楽活動に勤しんだが、１９３５年に大学を卒業して就職したのは北海道庁地方林課。伊福部昭は厚岸森林事務所に勤務するかたわら『日本狂詩曲』を作曲し、パリで催されたアレクサンドル・チェレプニン賞に応募するために東京に楽譜を送るが、ここで音楽のエリートではないことが窮地を招く。東京の音楽関係者から「西洋音楽の禁則を無視し、日本の伝統音楽のような節回しが多い」、「農学部出身で厚岸森林事務所勤務？　独学のアマチュアじゃないか」といった声が上がり、「日本の恥だから応募から外そう」という意見が出たのだ。それでも重鎮・大木正夫の「審査をするのはパリの面々」という意見によって『日本狂詩曲』はかろうじてパリに送られた。結果は、第1位を受賞。1936年にはボストン・ピープルス交響楽団によってアメリカで初演され、『日本狂詩曲』と伊福部昭は世界的な評価を得ることとなった。

『ゴジラ対ヘドラ』のオファーを受けた時点で坂野義光は伊福部昭との面識があった。大阪万博の三菱未来館の音楽を伊福部昭が担当していたからである。しかし、坂野義光は伊福部昭に音楽制作を依頼しなかった。『ゴジラ対ヘドラ』はそれまでのゴジラ作品と全く違う作り方をしようと考えていたからだ。

坂野義光は伊福部昭に師事していた眞鍋理一郎[※]に音楽制作を依頼することにした。すでに初期の大島渚監督の作品などで高い評価を得ている実力派である。しかし、眞鍋理一郎はおとなしい人物であったため、坂野義光は作曲段階から真鍋宅を訪れ、注文を出した。

「もっと強く！　激しく！」

眞鍋理一郎の音楽は不気味なヘドラの性格を効果的に描き出し、坂野義光の期待に応えた。

一方、オープニング主題歌の歌詞は坂野義光が書くこととなった。

タイトルは『かえせ！　太陽を』。歌うのは『ゴジラ対ヘドラ』で富士宮ミキ役を演じた麻里圭子。

坂野義光は公害に対する文明批判という『ゴジラ対ヘドラ』のテーマを集約する思いで歌詞を完成させた。

鳥も　魚も　どこへ行ったの
トンボも　蝶も　どこへ行ったの
水銀　コバルト　カドミュウム　鉛　硫酸　オキシダン
シアン　マンガン　バナジュウム　クロム　カリュウム　ストロンチュウム

汚れちまった　空
汚れちまった　海
返せ　返せ
緑を　青空を

返せ　返せ　返せ！

２００７年７月、坂野義光がゴジラ・ファンクラブの集いでシカゴへ招待された時、思わぬ話を聞かされた。

「『ゴジラ対ヘドラ』のテーマソングは『かえせ！　太陽を』ですよね？　この曲はアメリカで環境問題のテーマソングとしても歌われていますよ」

その話を聞いた時、「音楽にもメッセージ性を」と考え、音楽制作に力を注いだ日々が報われたように坂野義光は感じた。

そうした音楽制作と並行して、「子供だけでなく、大人の観賞にも耐えるものにする」ために、坂野義光は映像表現の新機軸にも挑戦した。

そのひとつに、スクリーンを複数の画面に分割するマルチ画面がある。

坂野義光は大阪万博でマルチ画面という映像表現に対して手応えを感じていた。

「マルチ画面はうまく使うと、短い時間内に多くの情報量を導入、表現することができる」

『ゴジラ対ヘドラ』の中で坂野義光は、ヘドラの被害がどんどん広がって、マスコミに取り上げられるという、数の増加を象徴するシーンでマルチ画面を採用した。２、４、８と画面が分割され、それぞれの画面に公害の現状、怒る市民、泣き叫ぶ赤ん坊など異なる映像が映し出されながら最大32画面にまで急速に増加させた。この映像によって公害やマスコミによる情報の広がり方そのものを表現。技術が表現内容に合致して見事な効果を生み出した。劇場用映画でマルチ画面をここまで効果的に使ったのは、『ゴジラ対ヘドラ』が最初の例ではないだろうか。

坂野義光が『ゴジラ対ヘドラ』で試みた新機軸にはアニメーションの導入もあった。

1964年に『月刊漫画ガロ』※が創刊されて以来、マンガの世界でもまた「子供だけでなく、大人の観賞にも耐えるものにする」ムーブメントが発生していた。1966年には『コミックマガジン』、1967年には『週刊漫画アクション』、『ヤングコミック』、1968年には『ビッグコミック』、『プレイコミック』、『少年ジャンプ』、『少女コミック』なども相次いで創刊。1968年から1969年にかけては、広がりを見せていた学生運動の熱狂と同期するかのように劇画ブームも起きていた。

そして、テレビのアニメ番組も1970年には『あしたのジョー』、『男どアホウ甲子園』、『昆虫物語みなしごハッチ』、『キックの鬼』、『赤き血のイレブン』、『いなかっぺ大将』が放送開始。テレビアニメも一気に世代を横断して視聴されるようになった。

坂野義光は大阪万博の三菱未来館の食堂で昼食のカレーライスを食べている時、前に坐っていたコンパニオンに話しかけられた。

「その雑誌、見せてください！」

坂野義光はマンガ週刊誌に載っていた三菱未来館の紹介記事を読んでいた。

コンパニオンは続けた。

「中学時代は夏目漱石などの小説を読みましたが、高校時代はもっぱらマンガばかりで人生を考えてきました。今は週2冊、他のマンガ週刊誌を買っているので、おこづかいが足りません。その雑誌、貸してください」

坂野義光は自分が思っている以上に年齢層が高い世代にまでマンガやアニメーションが浸透していることを実感し、この会話の後、『ゴジラ対ヘドラ』のシーン転換にアニメーションを使おうと思い立った。

「では、誰に描いてもらうと良いものができるだろう？」

坂野義光は筑摩書房から出版されていた劇画全集を読んでみたところ、最も気に入ったのは、つげ義春だった。

坂野義光は、当時、調布の六畳一間に住んでいたつげ義春を訪ねた。

しかし、見事に断られた。

「僕には描けません」

その後、坂野義光はシナリオを携えて再度頼みに行った。

それでも、つげ義春は首を縦には振らなかった
「私は人ごみの中にいるとすごくストレスを感じる極度の対人恐怖症なので、いまだに映画館に入ったことがありません。ですから、映画の仕事はダメなんです」

あきらめきれない坂野義光は三度めの訪問を行い、熱弁をふるった。

「ヘドラはヘドロから出て来たサンショウウオのような生きものです。サンショウウオの劇画はつげさんも描いていらっしゃるじゃないですか。なんとかお願いします」

しかし、つげ義春の決意は固く、坂野義光はあきらめるしかなかった。

坂野義光は大阪万博の三菱未来館で球体スクリーンを担当してもらった安井悦郎に『ゴジラ対ヘドラ』のアニメーション制作を依頼し、シーン転換に使った。

タンカーが二つに裂かれるシーン、ヘドラが原油を呑むシーン、黒煙を吐く工場が起重機で緑を摘み取るシーン……。

公害のテーマを明確に打ち出すうえでも大きな力を発揮したいくつかのアニメーション映像の中で、マスクをした女の頬のケロイド状の傷が被害地区の地図と重なるシーンには大きな手応えを感じた。

《※》

伊福部昭（いふくべ　あきら）
1914〜2006年。日本の作曲家、音楽教育家。
北海道釧路市に生まれ、北海道帝国大学農学部に入学。1935年、大学を卒業し、北海道庁地方林課の厚岸森林事務所に勤務するかたわら作曲した『日本狂詩曲』がパリで催されたアレクサンドル・チェレプニン賞で第1位を受賞。1945年、宮内庁帝室林野局林業試験場で放射線による航空機用木材強化の実験に従事するが体調不良を起こして病臥。療養中に終戦を迎えると、東京音楽学校（現：東京芸術大学）の作曲科に講師として招かれ、1947年には『銀嶺の果て』で初めて映画音楽を担当。以後、『ゴジラ』シリーズをはじめ『ビルマの竪琴』、『座頭市』シリーズ、『大魔神』シリーズなど多くの作品で音楽を担当するかたわら交響曲や室内楽、ピアノ協奏曲などを精力的に作曲。東京音楽大学で教授を務めるなど、日本の音楽会に多大な業績を残した。2006年、多臓器不全により死去。享年91歳。

眞鍋理一郎（まなべ　りいちろう）
1924〜2015年。日本の作曲家。
東京工業大学を卒業後、東京芸術大学声楽科に入り、作曲科に転科。伊福部昭に師事すると1956年の『洲崎パラダイス赤信号』を皮切りに、『網走番外地』、『青春残酷物語』、『ゴジラ対ヘドラ』、『青春の門』など多くの映画音楽を手掛けて高い評価を得た。交響曲や室内楽などの作品も多く、シンセサイザー、エレキギター、ドラムスから民族楽器、合唱まで幅広い音楽表現に取り組んだ。2015年、死去。享年90歳。

月刊漫画ガロ

1964年から2002年まで青林堂が刊行していた漫画雑誌。貸本漫画の編集者であった長井勝一と漫画家の白土三平により創刊された。題材の特殊性やスケールの大きさから連載する場所のなかった白土三平の『カムイ伝』を連載することが創刊の目的であったとされている。商業性よりも作品を重視したため杉浦日向子の『百日紅』、滝田ゆうの『寺島町奇譚』、つげ義春の『ねじ式』、林静一の『赤色エレジー』、永島慎二の『漫画家残酷物語』、花輪和一の『刑務所の中』など独創的な作品を多く生み出し、大学生をはじめとする比較的高い年齢層の読者から圧倒的な支持を集めた。ガロで連載されていない漫画家でも、独自の作家性を持つ個性的な漫画家を「ガロ系」と呼ぶ風潮も生まれるなど、日本のサブカルチャー史にも大きな足跡を残した。

4：〝神様〟のいない特撮現場

『ゴジラ』シリーズの魅力の核であり、世界から高い評価を受けてきた基盤ともなっていたのが、ディテールを徹底的に追及したミニチュアセットと着ぐるみを使った「特撮」である。

しかし、その特撮を育て上げた円谷英二の予期せぬ逝去によって、坂野義光が『ゴジラ対ヘドラ』の監督となった1970年には特撮現場が混乱していた。

それまでの東宝特撮映画の撮影は本編（ドラマ部分）50人、特撮80人ほどのスタッフによる2班編成で、ドラマ部分と特撮部分がそれぞれ別の監督のもとで2カ月から2カ月半の期間、並行して撮影されていた。

現場の混乱と予算の縮小。

田中友幸は坂野義光に告げた。

「特撮監督という肩書きは、円谷英二さんだけのものだ。特殊技術として中野照慶に特撮の主力を担ってもらうが、坂野には本編と特撮、両方の監督として全体を見てほしい」

『ゴジラ対ヘドラ』は1班編成で撮影することになった。

本編と特撮、両方の撮影を1班編成で行なうことは、スタッフとしても大きな問題を抱えることになる。

本編を経験してきたスタッフには特撮現場の経験はなく、特撮現場を経験してきたスタッフは俳優の芝居を撮影した経験がない。

しかし、本編パートは真野田陽一※カメラマンの奮闘によって問題なく進行した。海洋学者の矢野家の庭のロケセットを富士市の東名高速すぐ側に組み、少年の研がゴジラのプラモデルを滑り台で滑らせているカットや、老人の漁師がオタマジャクシの形をした変な魚を持ってくるカット、富士市と駿河湾が一望できるカットなどを撮影した。

それでも、ワンカットを撮影するのに手間と時間がかかる特撮となると一筋縄ではいかない。

たとえば、矢野家の研究室のシャーレの中で、二匹の小さなヘドラのオタマジャクシが合体するシーンがある。二匹が合体して成長するイメージは「公害怪獣は限りなく大きくなる」というテーマを象徴しているので、強く印象に残るものとしなければならない。

この撮影には美術監督である井上泰幸※のアイデアが生かされた。膨らませたゴムのフードをドジョウの頭にかぶせてオタマジャクシのように見せ、上から吊るしたテグスの先で泳がせて二匹が近づいて頭がくっつくところまでを撮影し、その後の合体をアニメーションで仕上げた。

特撮はお金をかければいいものができるとは限らない。この二匹合体の場面は、まさにそうした「知恵の特撮」の見本ともいうべきカットとなった。

とはいえ、絶対的に時間が足りない。怪獣シーン撮影用セットでの撮影では坂野義光班がAカメラ、中野照慶班がBカメラと特撮スタジオの左右で同時に回して、ゴジラとヘドラのショットを1日に50カットも稼いだ日もあった。

撮影は順調に進み、1970年の年末から1971年の2月初めまで、撮影実数35日という異例の速さでスケジュール通りに撮影を終了した。

しかし、坂野義光にはまだ撮りたいカットが残っていた。

「スケール感を出すために、ゴジラとヘドラが対決するロングショットがもっと撮影したい」

坂野義光はひとつのチャンスに賭けた。

新人監督の初めての特撮映画ということで、本多猪四郎にオールラッシュを見てもらうことになったのだ。

坂野義光は本多猪四郎に会うと最初から頼み込んだ。

「撮り足しを認めてもらうよう、プロデューサーに話してくれませんか？」

プロデューサーの田中友幸には「撮り足しは意味があるが、撮り直しは無意味」という持論があった。「お金を使って撮り直しても同じものか、それ以下のものしかできないので意味がない。撮り足しは映画のスケールを大きくすることができるから意味がある」という意見で、これは23歳の時から250本以上の映画をプロデュースしてきた田中友幸の経験から生み出された信念だった。

田中友幸は本多猪四郎の撮影追加の具申を受けて、2日半の追加撮影を認めた。

坂野義光はこの貴重な2日半で、ゴジラとヘドラが富士の裾野で対決するシーンなどを追加撮影した。当時はCG技術がまだなかったため、ロングショットの合成カットは1日3カットを撮影するのが限度だった。しかし、この追加撮影によって、映画最終盤のハイライトとなるゴジラとヘドラの対決シーンを大いにスケールアップすることに成功した。

《※》

真野田陽一（まのだ　よういち）
1935年～。特技監督。
円谷特技研究所で円谷英二に師事。1953年に東宝撮影所に移籍し、『ゴジラ』、『空の大怪獣　ラドン』、『地球防衛軍』、『モスラ』など多くの特撮映画の撮影助手として活躍。1966年には撮影監督、1969年には特技監督となり、『ゴジラ対ヘドラ』では本編の撮影でも活躍。以後、『帰ってきたウルトラマン』、『ミラーマン』などのテレビ特撮番組を仕事の中心とした。

井上泰幸（いのうえ　やすゆき）
1922～2012年。特撮映画美術監督。
福岡県古賀市に生まれ、1943年、長崎の三菱兵器製作所に徴用されて図面を引く仕事に従事。1944年に佐世保海兵団に入隊するが上海に向かっている公開中にアメリカ軍の機銃掃射を受けて左足を失う。終戦後、大蔵木工所に就職し、働きながら日本大学芸術学部美術科に入学。1952年、新東宝に美術スタッフとして入り、『春色お伝の方　江戸城炎上』や『潜水艦ろ号　未だ浮上せず』の美術を担当。1954年、『ゴジラ』制作のため東宝に呼ばれ、円谷英二のもと、渡辺明を手伝うかたちでミニチュア製作のスタッフとなる。以降、円谷英二が手がけたミニチュアセットの全てに関わり、世界に誇る日本の特撮美術を支えた。円谷英二の死去後も精密なミニチュア製作に手腕を発揮。160作品にのぼる映画に携わった。美術監督として「ミニチュアであっても本物を作ること」にこだわり、『ゴジラ』では図面の提供を断られた建物では歩幅で尺を割り出して設計図を描いた。「CGがいくら発展しても、さまざまな表現方法を組み合わせなければ感動は呼べない」との言葉を残し、2012年、心不全で死去。享年89歳。

5：ゴジラの飛翔と衝撃波

坂野義光はシナリオの作成時から「ゴジラを飛ばす」ことを考えていた。

公害怪獣へドラはヘドロから生まれる。手をこまねいていると急激に拡大して地球を死滅させてしまう公害のように、ヘドラはどんどん強大になりゴジラを徹底的に痛めつける。過去に『ゴジラ』シリーズに登場した怪獣のなかでも手ごわいヘドラは簡単には倒せない。

では、ヘドラの弱点は何か？

ヘドロの環境で育ったヘドラは乾燥に弱い。乾かして土に返せば倒すことができる。

防衛軍は富士山麓に巨大な電極板を2枚設置し、その間にヘドラを誘導。高電圧の電流を通して乾かしてしまう作戦を決行する。

そして、最後の戦い。

ゴジラの放射能と電極板の効果でヘドラを倒す。しかし、それでもヘドラは死なない。崩れた土くれの中から、小さくなったヘドラが蘇生して、地を這うように飛んで逃げる。

最後のとどめを刺すには、それを捕まえてきて、もう一度、電極板の間に連れてこなければならない。

「クライマックスとなる、このシーンに何か乾坤一擲のアイデアはないか」

従来のゴジラのようにノッシノッシと歩いていては追いつけない。

その時、坂野義光の脳裏にかねてから考えていたアイデアが浮かびあがった。

「ゴジラが放射能の逆噴射で空中を飛行して追跡するというシーンはどうだ？」

しかし、一方で大きな不安も生まれた。

「ゴジラは今まで空を飛んだことはない。そんなゴジラをここで飛ばしてもよいのだろうか？」

田中友幸に相談しようと考えたが、田中はゴーゴークラブのセット撮影後、体調を崩して入院してしまっていた。

本来、プロデューサーが難色を示せば企画は成立しない。ましてや田中友幸は「ゴジラの生みの親」といってもいい存在である。

坂野義光はダブル・スタンバイを決意した。

ゴジラの飛翔シーンは撮っておく。その一方で、「ゴジラを飛ばしてはならない」ということになれば、そのように編集できる撮影素材も撮っておく。

ところが、田中友幸はオールラッシュ（音なしの最終編集）の段階になっても試写を観に来ることができない。

坂野義光は東宝の宣伝部長や撮影所長に意見を求めた。

「子供たちは喜ぶよ」

賛成の意見が大勢を占める中、判断は東宝映画専務の馬場和夫に一任されることになった。

「面白いんじゃないの」

馬場和夫からＯＫが出た。ここで初めて、ゴジラの飛翔シーンの採用が決定したのである。

劇中、ゴジラは尻尾を丸めてタツノオトシゴのような形になると、口から放射能を吐き出し、逆噴射のエネルギーで後ろ向きに飛んでいく。

封切られた後、劇場で初めてゴジラが空を飛ぶ光景を観た子供たちは拍手喝采した。


『ゴジラ対ヘドラ』の完成試写会が終わってから病院を出た田中友幸は、作品を観た後、坂野義光に向って不機嫌な顔でひと言いった。

「性格を変えられては困るんだよな」

その時、坂野義光は「ちょっとご機嫌が悪いな」と軽く受け止めていた。

しかし、２００７年、デビッド・カラットが書いた『アメリカにおけるゴジラ上映の歴史（A Critical History and Philmography of Toho's Godzilla Series）』という本の中で、田中友幸が『ゴジラ対ヘドラ』を最初に観た直後の思いを語っているインタビューを発見した。

そこには坂野義光にとって衝撃的なひと言が記されていた。

「坂野には、二度と怪獣映画は撮らせない」

『ゴジラ対ヘドラ』では「そして、もう一匹」というスーパーが出る映画のラストシーンも問題になっていた。これは坂野義光が「ヘドラは一匹倒してもまだまだ出てくるぞ！」というメッセージを託したものだったが、議論が沸騰した。

「物語が完結しない」

「映画を観終わった後の爽快感がない」

このラストシーンも「ゴジラを飛ばしていいのか」という問題とともに激しい検討の末、ようやくOKとなったものだ。

これには後日談がある。

2014年9月。成田市のヒューマックス劇場でのハリウッド版『GODZILLA』に関するトークショーのパーティーで、坂野義光に話しかけた男性がいた。

「私は、『ゴジラ対ヘドラ』の最後のタイトルを観て、人生の仕事を決めたのです」

「何をなさっているのですか？」

「無農薬農業です」

坂野義光は、その話を聞いて、「そして、もう一匹」を入れたのは正解だったのだと思った。

田中友幸は、なぜ「坂野には、二度と怪獣映画は撮らさない」といったのか。ゴジラを飛ばしたことに激怒したのか、サイケデリックな実験的演出のためか、文明批判が強すぎると判断したのか。そのはっきりした理由は、田中友幸が故人となっている今、知るよしもない。

ただ、『ゴジラ対ヘドラ』が封切られると、劇場で初めてゴジラが空を飛ぶ光景を観た子供たちは拍手喝采。小学生たちは休み時間にゴジラの飛翔ポーズの真似をして遊んだ。

また、東宝は『ゴジラ対ヘドラ』公開から20年後となる1991年の会社紹介のパンフレットの表紙に『ゴジラ対ヘドラ』の中でゴジラが飛んでいるシーンを使っている。これは、東宝がゴジラを飛ばしたことを否定するのではなく、むしろ評価している証拠ではないだろうか。

坂野義光は『ゴジラ対ヘドラ』の次作となるゴジラ作品の企画として『ゴジラ対ゲジラ』というストーリーを田中友幸に提出した。

巨大化したオニヒトデ怪獣「ゲジラ」が沖縄博覧会会場を破壊する。沖縄沖の日本海溝に住んでいる宇宙人が派遣したのだ。海洋開発が進んで、彼らの所在が地球人に知られると必ず戦争になる。平和を望む彼らは、それを避けるために、海洋開発をストップさせようとしたのだ。

そこにゴジラが登場して、海中の立体リングでゲジラと大格闘を演じる……。

その時の田中友幸の言葉は次のようなものだった。

「面白いけど予算がかかりすぎる」

そして、それ以降、坂野義光は二度と怪獣映画のメガホンをとることはなかった。2016年現在までに坂野義光が監督を務めた劇場用映画は『ゴジラ対ヘドラ』1本だけである。

「それでも、監督にしてもらえたのは田中さんのおかげ。さらに、その他の仕事でも、たくさんお世話になった」

坂野義光は『ゴジラ対ヘドラ』で監督にしてもらっただけでなく、田中友幸から多くのことを教わった。テーマの的確な表現、発想のスケールの大きさ、庶民が喜ぶものへの嗅覚、新しいものに挑戦するチャレンジスピリット、粘り強さ……。

博覧会の仕事でも大阪万博を皮切りに沖縄海洋博、神戸ポートピア、つくば博、横浜博など、多くの映像製作に呼んでもらった。

坂野義光の田中友幸に寄せる感謝の念は今なお変わってはいない。

《※》ゴジラの飛翔シーン

『ゴジラ対ヘドラ』のクライマックスともなる最終決戦の中で、一度は滅びたかに見えたヘドラが飛行形態となって逃亡を図る。それを追うゴジラは尻尾を体の前方に回して抱え持ち、口から熱線を放射して、その反動で後ろ向きに空を飛んで追跡する。このゴジラの飛翔シーンは「荒唐無稽」、「飛べるのなら最初から飛べばいい」、「あの飛び方は物理的におかしい」、「ストーリー上のご都合主義」など、さまざまな論議を呼んだ。しかし、『ゴジラ対ヘドラ』以前の作品においてゴジラは岩石を投げ合ったり、シェーをしたりといったコミカルな面や、宇宙空間で平気で活動したりといった荒唐無稽な設定は数多く見せていた。『ゴジラ対ヘドラ』の場合はストーリー、演出などにより強い社会批判とリアリズムが底流として存在していたため、ことさらに違和感を持って受け入れられたのかもしれない。しかし、当時の子供たちの間では大きな話題となって前向きに受け止められ、アメリカでは大絶賛された。

6：『ゴジラ対ヘドラ』への賛否両論

1971年7月24日、『ゴジラ対ヘドラ』は「東宝チャンピオンまつり」[※]の一編として公開された。同時上映は『帰ってきたウルトラマン』、『昆虫物語みなしごハッチ』、『いなかっぺ大将』、『わらしべ長者』。観客動員数は174万人、興行収入は当時の金額で3億円。これは前作である『ゴジラ・ミニラ・ガバラ　オール怪獣大進撃』の観客動員数148万人、興行収入

2億6千万円を大きく上回った。

しかし、新聞で『ゴジラ対ヘドラ』を取り上げて高評価をしてくれたのは読売新聞だけだった。映画評論家からの声も厳しいものが多かった。

「こんなゲテモノじみた作品は批評のしようがない」

1978年には『ゴジラ対ヘドラ』はアメリカのPUBLIC LIBRARYから出版された『世界最悪の50本(WORST FIFTY OF ALL TIMES)』という本で取り上げられ、5ページにわたって詳しく紹介されている。この本はベストではなくワースト(最悪)を選ぶので、坂野義光としては単純には喜べなかったが、100年の映画の歴史の中から「最悪の50本」に選ばれたのは名誉なことととらえた。この50本の中には『イワン雷帝』や『去年マリエンバッドで』、『かもめのジョナサン』なども入っている。

『最悪の50本』の批評には「ストーリーが陳腐」だとか、「ヘドラはゲテモノだ」という内容が書かれていたが、2011年7月にペンシルバニア大学の大学院生から送られてきた『環境問題とヘドラ』と題した卒業論文では、「『最悪の50本』の中で『ゴジラ対ヘドラ』が『最悪』と批判されているのは間違いだ。『ゴジラ対ヘドラ』は、いち早く環境問題をアピールした意義ある作品だ」と評価してくれていた。

坂野義光が第1作の『ゴジラ』に敬意を表して掲げた公害怪獣というメッセージ性は伝わっ

ていたのだ。

『ゴジラ対ヘドラ』が公開された頃から日本のジャーナリズムも一斉に「公害は悪である」と書き立てはじめた。そうなると企業の対応も早い。日本の企業は素早く脱硫機器を開発し、公害防止機器の製造そのものが新産業へと発展した。『ゴジラ対ヘドラ』撮影当時には林立する煙突から黒煙がもうもうと立ち昇っていたが、坂野義光が2年後に訪れてみると、黒い煙がすべて白色に変わっていた。

坂野義光は『ゴジラ対ヘドラ』が環境問題克服のために一定の役割を果たしたのではないかと自負している。

1997年、カンサスシティ郊外のローレンスという街に住むロジャー・ホールデンという人物から「アメリカのサイファイテレビ※で『ヘドラ』を主人公にした1時間ドラマのテレビシリーズを製作・配給したい」というテレビ番組の企画が持ち込まれた。『ゴジラ対ヘドラ』を最初にアメリカで放映したのがサイファイテレビで、社長が強い関心を示しているという。

当時、東宝映像美術の常務をしていた坂野義光は東宝国際の専務取締役として東宝の版権業務を担当していた寺田達に相談したが、返答は前向きなものではなかった。

「今、トライスターが例のイグアナみたいな『ゴジラ』の続編を企画検討している。テレビ化権は東宝が保持しているので、サイファイテレビで別途製作することは可能だが、劇場とテレビで形の異なるゴジラが同時に出るのはまずいだろう」

『ヘドラ』テレビシリーズの企画は実現することはなかったが、半年も経たないうちに皮肉な展開が訪れた。「トライスターが製作したゴジラがゴジラファンに不評で続編製作を断念したのでゴジラに関する全ての権利が東宝に戻ってきた」という連絡が寺田達から伝えられたのだ。

ちょっとしたタイミングの違いで『ヘドラ』のテレビシリーズは実現できなかった。しかし、この時に版権が東宝に戻ってきたことが、この後、17年もの年月を経てレジェンダリー・ピクチャーズによるハリウッド版『GODZILLA』実現への布石となった。

《※》

東宝チャンピオンまつり

1969年から1978年にかけて行われた東宝による映画興行。

当時、ライバル会社の東映が、学校が春休み、夏休み、冬休みに入る時期に、アニメ映画を組み合わせた「東映まんがまつり」を興行し、好評を博していた。東宝でも、同様の企画の検討に入り、「怪獣のチャンピオンであるゴジラ、男の子向けアニメのチャンピオンである『巨人の星』、女の子向けアニメのチャンピオンである『アタック№1』を組み合わせて公開する」というコンセプトが打ち出された。映画不況の中、田中友幸が「低予算であってもゴジラ映画を残したい」との一念で企画を推進したが、メインとなるゴジラ映画は予算縮小にともなってオリジナルネガを直接裁断する短縮再編集リバイバルが繰り返され、オリジナル原盤を損ねたり紛失する結果も生み出した。

サイファイテレビ

「サイファイ（Syfy）」はアメリカのNBCユニバーサル参加のケーブルテレビ・チャンネル。発足当時は「サイエンス（Science）」の「Sci」と「フィクション（Fiction）」の「Fi」をとって「The Sci Fi Channel」と表記されていただけあってSFやファンタジー、ホラー、冒険アクションものの番組を中心に編成。『Xファイル』、『ロズウェル―星の恋人たち』、『ロストワールド〜失われた世界』などが放送された

『ゴジラ対ヘドラ』で合成シーンなどの演出を務めた川北紘一監督（右）と坂野義光（左）。

第6章　映画人、未来へ！

1：『ゴジラ対ヘドラ』の後

特撮マニアの間でまことしやかに語られることがある。

「坂野義光が『ゴジラ対ヘドラ』以降、映画を監督することがなかったのは、ゴジラを勝手に飛ばして田中友幸の逆鱗に触れたからだ」

しかし、それは事実とは異なる。それを如実に物語るのが、『ゴジラ対ヘドラ』を撮り終わった後、坂野義光が田中友幸の会社に誘われていることだ。

大阪万博における三菱未来館の成功を受け、田中友幸は東宝と三菱商事、三菱地所の出資で日本創造企画という会社を設立し、代表取締役に就任。1972年に開催予定の沖縄博覧会に向けて三菱未来館の企画を推進していた。

「今の映画界では監督の仕事は難しいぞ。俺の会社に来い」

再三にわたる田中友幸の誘いを、坂野義光は丁重に断った。

「せっかく監督にしてもらったので、もう少し頑張ってみます」

坂野義光の胸には「映画監督で勝負したい」という思いが強く残っていた。

『ゴジラ対ヘドラ』の監督契約に際して、坂野義光は東宝から「年間2・5本の監督料を保証するという契約ならば監督料は1本あたり90万円で1年間225万円。シングル契約ならば1

本120万円」という条件が提示された。

年収225万円というのは、その当時に坂野義光がもらっていた助監督の残業つきの給料より安かった。シングル契約の場合、1本あたりの契約料は年間保証の1本ぶんよりは高いが、2本め以降の監督としての仕事がなければ報酬がない。

その頃、日本における映画製作本数はさらに減少。東宝は年間保証契約者の監督をまずシングル契約に切り替え、その後、仕事がない場合、契約解除していく方針を進めていた。

それでも、東宝においては「新人監督は3本まで監督することを保障する」というのが通例だった。「先のことは何とかなるさ」と坂野義光は当面の収入が30万円多いシングル契約を選択した。

ところが、第2作は実現しない。『ゴジラ対ヘドラ』の翌年となる1972年、坂野義光の東宝からの収入はゼロだった。坂野義光は食いつなぐためにスライドから8ミリまで企画演出の仕事を探し回り、富士急ハイランド「宇宙遊泳館」というアトラクションの監督を務めることになった。

このアトラクションは円形の床に、仰向けに横たわる舟型の二人用座席が同心円上に15台ほど並べられている。観客が席に着くと周りの壁が競り上がり、客席が足先の方向に向かって回転。室内を真っ暗にして天井の全天周ドーム・スクリーンに映像を映し出すという仕組みだった。映写システムは五藤光学が開発したもので、1コマ5p（パーフォレーション）の35ミリフィルムを使っていた。通常の35ミリフィルムは4pだが、5pにすると有効画面が正方形になり、魚眼レンズで拡大して、半円形のドーム・スクリーンに上映するのに都合が良かった。

コンテンツは、暴走族が空に舞い上がり、海底に墜落して竜宮城で踊り、怪物に跳ね飛ばされて帰還するというものだが、5pを採用したとはいえ35ミリの小さなフレームを直径18メートルの天井スクリーンに拡大映写しているので解像力が悪く、森の空中撮影シーンなどはぼやけてしまう。解像度を高くするためには隕石や、アニメのようなコントラストがハッキリした強い画像でなければならない。この時に試行錯誤を繰り返した坂野義光の経験は、後年、70ミリフィルム8pの「ジャパックス・システム」開発に役立つこととなった。


1年後、東宝の契約が「年間保証で400万円。ただし、東宝で監督の仕事がない時は、独自の営業で自由に外部の仕事をしてもいい」という条件に変わった。

坂野義光は1972年に東宝以外としては初めての映画を手がけることになった。

ゼネラル・ワークというプロダクションが東映から『残酷飢餓大陸』という劇場用ドキュメンタリー映画の製作を受注し、その協力監督を依頼されたのだ。

その年はサハラ砂漠が旱魃に見舞われ、その救済キャンペーン映画を作ろうという狙いがあった。ゼネラル・ワークの実質製作費は900万円。監督料は30万円。取材スタッフは監督に井出昭、協力監督に坂野義光、カメラマンに伊藤正治と助手1人の4人だけだった。

1972年7月、坂野義光は西アフリカ、モーリタニアのアクジュージュトという村にいた。皆既日食を撮影するためだ。5分以上続く皆既日食が見られるのは20世紀最後ということで、アメリカからもチャーター便で観光客が来ていた。

カメラマンは、800ミリの望遠レンズを16ミリカメラにつけて太陽を狙っている。坂野義光はキャノン製のスクーピックという16ミリカメラで地上の情景を撮影する。太陽が月と重なって完全なリングになった途端、あたりはサッと暗くなり、自動車はヘッドライトをつけて走り出す。坂野義光は急いでカメラの露出をオートに切り替えて、車の移動を追う。

暗闇の時間が続く。土塀に囲まれた道に、現地人たちのシルエットが無言でたたずんでいる。沈黙の5分はじつに長い。

太陽の光のリングの端にチラッと光が出ると、あたりはサアーッと明るくなった。観光客は塀の上で拍手喝采。イスラムを信仰するモーリタニアの人々は大地にひざまづき、メッカのある東に向ってお祈りを始めた。その光景を見た坂野義光は日本に古くから語り継がれている伝説を思い起こした。

その後、坂野たち一行はセネガル、マリ、ニジェールなどを回り、摂氏50度という灼熱の砂漠を50日間撮影した。

過酷ながらも厳しい条件下での多くの経験を得た撮影だったが、坂野義光に印象強く残っているのは、ある女性との出会いだった。

撮影も終了に近づいた頃、坂野たち一行はニジェールの首都ニアメに滞在した。郊外の難民キャンプに毎日のように通って撮影しているうちに、坂野義光は50歳ほどの女性と親しくなった。彼女はマリのキダルという村から国境を越え、一族郎党30人を引き連れて1000キロを3カ月かけて、裸足で歩いてきたと語った。

「亡くなった夫は村の警察署長で、2年前にヨーロッパ人が訪ねてきた時には羊を殺してご馳走を作り、娘たちが踊ってもてなしすることができたのよ。でも、今、私はあなたに対して、それがしてやれない。そのことが、とても悲しい」

話を聞いてみると、彼女は4日間、水しか飲んでないという。そのような状況にあってもなお「人をもてなしたい」と願う思いやりの心に触れて、坂野義光は深く感動した。

別れの日、字が書けない彼女は10歳の息子にフランス語で口述筆記をさせ、坂野義光に対して「あなたは、きっといい仕事をする人だと思います。達者で暮らしてください」という手紙を渡してくれた。

「自分が食べていなくても、人をもてなしたいと思いやる心こそが、ほんとうの文化なのではないか」

　灼熱の砂漠での撮影は坂野義光にとって大切な教訓を得る体験となった。


坂野義光の協力監督としての仕事は続く。

　1974年には田中友幸から[※]『ノストラダムスの大予言』のシナリオと協力監督の仕事を依頼された。

　メインの監督は日活出身のベテラン、[※]舛田利雄。2週間ほど渋谷の旅館に籠ってシナリオの改訂稿作成に参加した坂野義光は『ノストラダムスの大予言』にも『ゴジラ対ヘドラ』と同じように、テーマとして環境問題へのメッセージを込めた。ラストシーンは、原子爆弾のために奇形化した子供たちが画面を彷徨うという情景。そのせいか、いまだにビデオ化はされていないが、後日、坂野義光が庵野秀明に初めて会った時、「あの作品のアバンタイトルは素晴らしかった」と褒められたという。

　シナリオ作成を終えた坂野義光はニューギニアロケを担当。ポートモレスビーからゴロカまで、ジャングルや現地のさまざまな祭りを撮影した。

《※》

『ノストラダムスの大予言』
1973年に祥伝社から発行された本。著者は五島勉。1555年にフランスの医師・占星術師であったミシェル・ド・ノストラダムスが著した『予言集』を、著者なりの解釈を加えつつ紹介する内容。その中に「1999年7の月、空から恐怖の大王が降りてくる」という人類滅亡を思わせる一節があり、公害問題、オイルショックなど社会不安が増大しつつあった世相を反映してベストセラーとなった。1974年には東宝製作で映画化され、同年の邦画における興行収入第2位のヒットを記録した。

舛田利雄（ますだ　としお）
1927年〜。映画監督。
兵庫県神戸市に生まれ、大阪外国語大学（現：大阪大学外国語学部）ロシア語学科を卒業。1949年に新東宝シナリオ塾で学び、翌年、新東宝助監督部に入社。1954年には日活に移籍し、井上梅次、市川崑らに師事。1958年、『心と肉体の旅』で監督デビューすると『錆びたナイフ』、『赤いハンカチ』、『嵐を呼ぶ男』など石原裕次郎主演作品を数多く手掛けた。1968年にフリーとなり、1970年には日米合作による戦争大作映画『トラ・トラ・トラ！』の日本側監督を深作欣二と共同で務めた。また、劇場用アニメーションでは『宇宙戦艦ヤマト』シリーズテレビ業界においても『大都会』をはじめとする石原プロ作品を中心に『水滸伝』、『子連れ狼』など多くの演出を手掛けている。

2：ドキュメンタリー監督としての日々

『ノストラダムスの大予言』の協力監督としてニューギニアロケから帰国した時、坂野義光は日本映像記録の社長、牛山純一から「潜水技術を持っている監督に会いたい」と呼び出された。ロケに行く前に読んでいた『ニューギニア縦断』という本の著者、豊臣靖の紹介だった。

豊臣靖は、その後、アマゾンの原住民を何年間も定期的に取材して、素晴らしい作品を何作も残したドキュメンタリー監督だ。

牛山純一は日本テレビから独立して日本映像記録を設立し、『すばらしい世界旅行』※、『知られざる世界』、『冒険者たち』などのテレビ・ドキュメンタリー・シリーズ番組を実現させた日本記録映像界の先駆者である。

面談の結果、坂野義光は「オーストラリアのベン・クロップという水中カメラマンを主人公にして、彼がすでに撮影してあるドキュメンタリー・フィルムを活用しながら、新しい作品を監督してほしい」と依頼された。

ベン・クロップは『シャーク・ハンター』という映画に出演したダイバーだったが、16ミリ水中カメラを購入し、世界で初めてジンベエザメの撮影に成功。その映像がナショナルジオグラフィック誌※に大きく取り上げられて一躍有名になった人物である。

坂野義光は東宝水中撮影班のカメラマン、市原康至と助手、制作進行との4人でオーストラリアのブリスベンへ飛び、サーファーズ・パラダイスにあるベンの家を訪ねた。

打ち合わせを済ませると坂野たち一行はベンの船でグレート・バリアーリーフ南端にあるヘロン島を取材。『珊瑚礁の冒険王 ベン・クロップ』、『サメ狩りの王者』、『青い海のターザン』の3本の作品を制作した。これらは、いずれも『すばらしい世界旅行』の30分枠で放映されたが、出来栄えが良いということで、その後、日本映像記録の社内教材として利用された。

以後、坂野義光は6年間で計14本の海洋ドキュメンタリー番組を監督することになる。

1975年にはメキシコのカリフォルニア半島で『クジラの背に乗って』という作品を制作した。

サンディエゴからカリフォルニア半島を600キロほど南下したところにスキャモン湾というコククジラが出産のために訪れる場所がある。コククジラたちは、冬ごとにベーリング海から5000キロも回遊して、暖かいメキシコの湾内で子を産み、育て、また北へと帰っていく。

湾岸にあるゲレロネグロという小さな町には三菱商事が経営する世界一の規模の塩田があった。そこのゲストハウスを滞在拠点とした坂野義光はチャパリートという港を出た撮影初日、素晴らしいシャッターチャンスに巡り合わせた。

浜辺に黒い電信柱のようなものが横たわっているので近づいてみると、それは傷ついて砂浜に打ち上げられた赤ん坊クジラだった。坂野たちが水をかけると赤ん坊クジラは意識を取り戻し、海に戻すと泳ぎだした。坂野義光は赤ん坊クジラの背中に股がってみた。赤ん坊クジラはどんどん元気を取り戻した。

坂野義光は赤ん坊クジラから降り、沖のほうへ泳ぎ去っていく姿を見送った。

「頑張れよーッ」

しかし、その赤ん坊クジラは、2日後にはサメに襲われ、死体となって浮かんでいた。

コククジラは、死ぬと沈むというのが常識である。死んだコククジラの赤ん坊が浮かんでいるのを見たものはそれまで誰もいない。まして、それを記録映画に捉えたのは初めてのことだった。思いもかけない大自然のドラマとの遭遇だ。

撮影に入る前に、学術的記録撮影も行なっているサンディエゴ在住のクジラ学者を訪ねた時、坂野義光は「クストーより良いものを撮れ」といわれていた。

スキューバの発明者であり、海洋ドキュメンタリーの世界的な権威でもあるジャック・イヴ・クストーは360トンのカリプソ号で気球まで飛ばしてコククジラを撮影している。それに比べると坂野義光の撮影隊は、小さなボートにスタッフはたったの3人。しかし、シャッターチャンスにさえ巡り会えれば、優れたドキュメンタリーが撮れる。坂野義光は牛山純一の持論である「決定的瞬間に巡り合えるように段取りするのが、ドキュメンタリーの演出だ」という言葉を、あらためて実感した。

撮影を終了して帰国の途中に立ち寄ったサンディエゴで坂野義光はギルモア博士という別のクジラ学者に死んだコククジラが浮いていたことを報告したところ、その状況を微に入り細に入り訊ねられた。「胃に溜まったガスで浮力がついたのかもしれない」というのが博士の見解だった。ドキュメンタリーは、シャッターチャンスが決定的意味を持つ。そして、そのような瞬間に巡り会えるのは幸運というしかない。

そもそも、魅力的な海洋ドキュメンタリーを生み出すには、以下の3要素のどれかがなくてはならない。

1. 世界で初めて撮影されたもの
2. 冒険的要素
3. 新しい学術的発見

坂野義光は1976年、浅海でのウバザメ撮影に世界で初めて成功している。深海におけるウバザメの映像は深海潜水艇バチスカーフによって撮影されたものがあったが、その生態は謎に包まれていた。

日本近海においては、ウバザメは1年のほとんどを深海で過ごし、毎年2月末から4月の初めにかけて遠州灘に姿を現し、海面の潮目に大量に発生するアミ（プランクトンの一種）類をヒゲクジラのように飲み込んで捕食する。三重県の名切という漁村では昔からウバザメ漁が行なわれていた。現地ではウバザメを別名「バカザメ」と呼んでいる。銛で突かれるまで逃げもせず、悠然と海面を泳いでいるからだ。漁師たちは海面に浮かんでいるウバザメに乗り上げるように漁船で近づき、大きな銛で突く。驚いたウバザメは、ロープを引っ張って水深100メートルぐらいまで深く潜る。そのロープを徐々に引き上げて捕獲するという原始的な漁法である。

1976年4月2日、坂野義光は撮影機材を持ってウバザメ漁に同行した。

ウバザメは、すぐに見つかった。10メートルあまりの灰色の巨体を、大量発生したアミによって薄赤く変色した潮目に浮かべ、海面をゆっくりと進みながら大きな口をあけてアミを飲み込んでいる。

ベテラン漁師が銛をつかむ。銛の長さは2メートル。それに親指ほどの太さのロープがついている。漁師の一撃は、見事にウバザメの脳天に突き刺さった。ウバザメは60メートルほどの深さまでロープを引っ張って潜る。漁師がロープを手繰り寄せる。坂野義光はロープを船に固定して水深15メートルほどで止めさせた。ウバザメは、2ノットほどの速さで舟を引っ張りながら泳いでいる。

　坂野義光はカメラマンとともにロープ伝いに潜っていった。銛は、頭の真ん中に刺さっている。坂野義光はロープから手を離して背びれをつかんだ。背びれの後部には、棒のような小さな突起があり、軍手で握るのにちょうどよかった。恐る恐る、壁のような背中の上に這うようにして前進する。サメの肌は小さな棘がついているような鱗で覆われている、文字通りのサメ肌。軍手を押しつけるとピタッとくっつく感覚だった。

　坂野義光はウバザメの背中を這うようにして頭の方へ進んだ。右側のエラから、どす黒い血が煙のように流れ出している。頭の先端の方へ近づくと直径10センチもある目玉がこちらを睨んでいた。開いた口は幅1メートル近くある。海中に入る前に「吸い込まれないように気をつけろ」と漁師にいわれたのも納得できる大きさだ。

　坂野義光たちはフィルムチェンジをしながら3度の潜水を行ない、撮影を完了。港へ帰ると、ユージニー・クラーク博士※に連絡を取った。ユージニー・クラーク博士は世界的に有名な女性サメ学者で、沖縄の海洋研究所を訪ねるために来日していた。

「すぐ行くから、氷漬けにして待っていて！」

　ユージニー・クラーク博士は沖縄の海洋研究所から大喜びで駆けつけてきた。捕獲したばかりのウバザメを見るチャンスは少ない。彼女自身、ナショナルジオグラフィック誌から「スコットランドのウバザメを取材してほしい」という依頼を受けながら、それまで実現していなかったのだ。

ユージニー・クラーク博士立ち会いのもと、港に引き上げられた2尾のウバザメの解体が始まった。漁師たちは前頭部にある直径13センチほどのゼラチン状の灰色の塊をサメの脳だと思っていたのだが、ユージニー・クラーク博士は「違う」といった。彼女が脊髄の中から引っ張り出した本当の脳は、長径6センチほどの楕円形をしていて、厚さは1センチしかない。ピンクの地肌に赤い毛細血管が無数に走っている。4トンもある巨体の脳みそが、こんなに小さいとは坂野義光にとっても驚きだった。

坂野義光は「大男、総身に知恵が周りかね」という言葉を思い出した。ウバザメはエラから血を流しながら、痛さはあまり感じていなかったのかもしれない。

ウバザメは、クジラと同じように、全ての部分が捨てられることなく利用される。とくに肝臓の油はマイナス70度でも凍らないユニークなもので、第二次大戦中は満州(現在の中国東北地方)で戦車の油に使用されていた。現在は化粧品や健康食品に使われている。

坂野義光は世界で初めて撮影されたウバザメの海中写真をナショナルジオグラフィック誌に送った。しかし、頭部に刺さった銛やロープが写っていたため「エコロジー思想に反する」という理由で採用にならなかった。

それでも、この頃から坂野義光の活動は、より国際的なものとなっていった。

《※》

『すばらしい世界旅行』
1966~1990年に日本テレビ系列で放送された紀行番組。スポンサーは日立グループの単独提供。プロデューサーは牛山純一。ナレーターは久米明。番組開始当時の日本は海外旅行が自由化されてから2年しか経っていなかったため、海外旅行は多くの日本人にとって、まだ身近なものとはいえなかった。そうした世相の中、世界の国々や民族の文化、習俗を紹介する同番組は大きな人気を呼んだ。正式番組名は『日立ドキュメンタリー すばらしい世界旅行』。

ナショナルジオグラフィック誌
ナショナルジオグラフィック・パートナーズ社が発行している月刊誌。創刊は1888年。地理学、人類学、環境学、科学、歴史、文化などの記事を質の高い写真や地図、図版などとともに掲載、世界36カ国語で発行され、定期購読者は1800カ国850万人(日本では8万4000部とも)にのぼるとされている。

ユージニー・クラーク
1922~2015。アメリカの海洋生物学者。日本人を母に持つ日系人で、サメの研究においては世界で第一人者とされ、「シャークレディ」の愛称で知られる。1988年以降は「謎の魚」と呼ばれるコンピクトフィッシュ(囚人魚)の研究において世界をリードした。
坂野義光は、ユージニーと協力して5本のドキュメンタリー作品を監督している。

気仙沼に作ったサメの博物館では、サメの群れの前で語るユージニーの姿が毎日映し出されていたが、3・11の津波で破壊され、大きなホオジロザメの看板が無残な姿をさらしていた。

ウバザメに乗る坂野義光／遠州灘にて　中村庸夫撮影

3：国際的なロビー活動への挑戦

1977年、坂野義光はジュゴンを取材する計画を立て、ニューカレドニアに調査に出かけた。フロリダに生息しているマナティーはすでに撮影されていたが、まだジュゴンの撮影に成功したものはいなかった。

現地に着くと、坂野義光は浅瀬のサンゴ礁で、子供のジュゴンが2頭、すばやく泳いで逃げるのを目撃した。首都ヌーメアの水族館の学芸員が思わぬ許可を出してくれた。

「ジュゴンはニューカレドニア全体で1000頭は生息している。学術研究のためならば、ジュゴンのつがいを日本へ連れて帰ってもいい」

坂野義光は急いで帰国し、つがいのジュゴンをよみうりランドに入れるという企画書を作成したが、テレビの予算では実現できない。そこで、テレビ企画はあきらめ、海底ハウスに住む少年がジュゴンと友だちになる『りゅうぐう　ナウ』という劇映画の企画書を作成した。

すると、思わぬ方向から反応があった。『りゅうぐう　ナウ』の企画書を読んだ駐日メキシコ大使から、「ぜひ、合作映画として検討したいので、メキシコへ打ち合せに行ってほしい」という要請がきたのだ。

とはいえ、メキシコへ打ち合せに行くには50万円ほどの費用がかかる。そこで、坂野義光は

3年前に取材したことのある「メキシコのクジラとゾウアザラシを撮影する」という企画をテレビ東京の『金曜スペシャル』[※]用に売り込んだ。タイトルは『巨大海獣地帯を行く』。坂野義光には金曜スペシャルで『美女の海底冒険』という沖縄ケラマ諸島の海底ドキュメンタリー番組を監督した実績があったため、局の担当者は好意的だった。

「企画書に書いてある内容が、うまく撮影できる確率はどれくらいですか？」

坂野義光は答えた。

「ゾウアザラシは、海岸に寝そべっているので100％。クジラは50％くらいでしょうか」

坂野義光は3年前の取材で赤ん坊クジラの救助やクジラの交尾シーンの撮影に成功している。しかし、今回も、そのようなシャッターチャンスに恵まれるかどうかはわからない。そのため、坂野義光は正直に「クジラは50％」と答えたのだ。

「製作費は、どのくらいで考えておられますか？」

「金スペは45分番組ですよね。そうなると製作費は東宝テレビで受注すると800万円というところでしょうか。でも、私の直接受注なら500万円でできると思います」

ＯＫが出た。坂野義光は水中カメラマンの市原康至と中村征夫の2人だけを連れてロスへと向かった。

良いドキュメンタリーを作る秘訣のひとつは、「少人数のスタッフで長期間のスケジュールを組むこと」だ。それが素晴らしいシャッターチャンスに巡り会う可能性を高める。

ロスに到着した坂野たち3名はサンディエゴ、ティファナを経由してメキシコに入るため、カリフォルニア半島をレンタカーで一路南下した。車はビュイックのステーションワゴン。しかし、途中で、豪雨のために道が決壊し、100台あまりの車が動けなくなった。車を降りて先端まで見にいくと20メートルほど道路が崩れ落ちて、濁流が川のように流れている。やむを得ず簡易ホテルに一泊すると、翌朝、南から北上してくるトラックがあった。

坂野義光はトラックのドライバーに尋ねた。

「道は崩れているのに、どうやって来たんだ?」

「この先を左に迂回すると、川の浅いところがあるんだ」

トラックのドライバーから渡河地点を聞いて、大急ぎで行ってみると、大型トラックが次々と浅瀬を渡っていた。トラックは車高が高いので渡河できるのだ。その側に乗用車が2台、天井を水面に出して沈んでいた。

「ここで引き返して、ティファナから飛行機を利用すれば予想外の出費がかさむ。なんとか突破できないか」

坂野義光は水深の浅いところを探して意を決した。

「よし、やってみよう!」

万一、水没した場合の責任をとるため、坂野義光自身がハンドルを握った。ローギアでゆっくりと進む。両岸からは30人ほどのドライバーたちが見守っていた。

「一度でも止まったら、それっきりだぞ。深みにはまったら脱出できない」

あくまでも慎重に進む坂野義光。たっぷりと時間をかけてレンタカーは対岸にたどり着いた。一斉に沸き起こる拍手喝采。乗用車で渡河に成功したのは、坂野たちが最初だった。泥だらけの車で意気揚々とサボテンの道を南下した坂野たちは目指すメキシコ・スキャモン湾へと到着した。

スキャモン湾の奥まったところには母クジラが子育てをする浅いエリアがある。坂野たちが撮影に出かけた日も、16メートルを越す母クジラの灰色の巨体が潜水艦のように水面に浮かび、7メートルほどの色の黒い赤ん坊クジラが側に寄り添って母乳を飲んでいた。

3年前にコククジラの赤ん坊クジラと戯れることができた坂野義光は、この日も赤ん坊クジラと交流したいと、泳いで近づいていった。母クジラが坂野のほうに向って潜ってきた。その後を追って、赤ん坊クジラも水面を泳いでくる。目の前を赤ん坊クジラが通過した時、坂野はその尾を捕まえた。双葉のような形をした尾の先の幅は1メートルほどもあり、手触りはゴムのように柔らかかった。

一度、触れることができたことに気を良くして、もう一回、その赤ん坊クジラと遊びたいと見回していた坂野義光のすぐ近くに母クジラがやってきた。2メートルの至近距離。水中で目と目が合った。途端に坂野義光の体は激しい水流でグルグルと回され、足ヒレが二つとも飛ばされてしまった。

「クジラさん、やってくれるじゃん」

坂野義光は、その時点ではまだ、クジラがふざけて遊んでいるのだろうと考えていた。足ヒレの脱げたブーツの足を撮影するよう、近くにいた中村征夫カメラマンに指示を出していた時、セカンドアタックがきた。坂野義光の体はさらに強烈な勢いで回され、今度は左足のブーツが脱げた。

坂野義光は恐怖感にとらわれた。

「これは本気で襲ってきている！　今度来たら、肋骨を5、6本、折られて、お陀仏だ！」

透明度が悪いので、いつ、どこからくるかわからない。ボートは200メートルも離れている。

坂野義光は海面に伸び上がって叫んだ。

「ヴェンガ！　ヴェンガ！　ヴィートッ！（助けてくれ！　早く来い！　早く！）」

懸命に泳ごうとしても、ブーツの足では進まない。ふと見ると、そばに来ていた中村征夫カメラマンの左足のヒレもない。それでも中村征夫カメラマンは坂野義光の手を握り、右足のヒレひとつで泳いで、ボートまで引っ張っていった。

ようやくボートの側にたどり着いた時、坂野義光の胸に監督としてのプロ根性が、頭をもたげた。

「今、回してた映像はカメラがぶれてちゃんと撮れていないかもしれない」

坂野義光は中村征夫カメラマンに頼んだ。

「もう一度、脚を撮ってくれ」

返事は「NO！」。中村征夫カメラマンは左足に打撲傷を負っていて、撮影終了後に入院し、全治20日間と診断された。

ボートの上から撮影していた市原康至カメラマンは、「坂野は死んだと思った」という。

帰国後、現像したラッシュを見て、坂野義光は愕然とした。母クジラは尾を垂直に上げ、右へ、左へと、意図的に水面に叩きつけている。海面に浮かんでいた坂野義光の赤いライフジャケットが膨大な水しぶきの中に消えて出てこない。しばらくして、山のようなしぶきの右手の端に赤い点が浮かび上がる。

坂野義光はあくまで、「クジラと友だちになろう」という友好的な感情でアクセスしたのだが、クジラのほうでは、そのようにとってはくれなかった。仔を守ろうとする野生動物の母ほど獰猛なものはない。坂野義光は人間の思い上がりについて教えられた。

クジラの棲息地として知られるスキャモン湾は、アメリカ人のクジラ捕り、スキャモン氏によって発見され、コククジラが根こそぎ殺されたところだ。コククジラは仔が撃たれてロープで引っ張られても決して見捨てて逃げるようなことはしないので、一網打尽になってしまう。そのため、スキャモン湾のコククジラはいち早く絶滅に瀕し、1937年に捕鯨禁止の第1号に指定された。コククジラには多くの捕鯨船を襲った記録があり、ヒゲクジラの中では最も獰猛だとされている。坂野義光を跳ね飛ばした母クジラのDNAには、過去の人間による殺戮の記憶が刻み込まれていたのかもしれない。

その後、坂野たち一行は絶海の孤島サンボニートでゾウアザラシの取材を行なった。シャチの声をアザラシやアシカに聞かせる実験など、新しい試みをして無事撮影終了。カメラマン2人を日本へ帰して、坂野義光はメキシコシティへ『りゅうぐう　ナウ』の合作交渉に出かけた。

メキシコシティでメキシコ国立銀行の頭取に会うと、頭取は坂野の「総製作費2億円で、半分ずつ出し合わないか」という提案に乗り気だった。打ち合せの後、ロケハンのため坂野義光はアカプルコへと向かった。

きらめく太陽。ヤシが林立する白砂の浜辺。抜けるような青空に、カラフルなスカイカイトが舞う典型的なリゾート……。

理想郷に見えたアカプルコだったが、湾内に潜ってみると泥沼かと驚いた。水が濁っていて

1メートル先も見えない。海岸沿いに立ち並んだ高級ホテルから湾内に排水が垂れ流しだったのだ。

湾の南側の外れに、プライベート桟橋があった。坂野義光がウエットスーツ姿で急斜面を登っていくと、フランス映画によく出てくるような地中海風の豪邸にたどり着いた。海を臨むゲストハウスの食堂に、料理を運ぶためのエスカレーターがついている。長さは50メートルほどもあった。さらに急坂を登っていくと、ヒゲを生やした男に止められた。

「おまえはラッキーだ。よくイヌに食われなかったな」

男の足元でドーベルマンがうなっていた。そこはアカプルコを開発した元メキシコ大統領の別荘で、男はガードマンとして勤めている大佐だという。

坂野義光は、たまたま迷い込んだ家が元メキシコ大統領の邸宅だったという偶然をチャンスととらえた。

「『りゅうぐう　ナウ』の合作企画は駐日メキシコ大使からの発注だ。でも、ここで元メキシコ大統領の口添えでも得られれば、メキシコ国立銀行の頭取を動かすのに有利なんじゃないか」

坂野義光は熱弁を振るった。

「今回企画されている日本との合作映画『りゅうぐう　ナウ』が実現すれば、メキシコにとっても国家的事業として役に立つはずだ。元大統領によろしく伝えておいてほしい」

翌日、坂野義光はアカプルコからユカタン半島へ飛び、カンクーン、ツムル、コスメルを調査。その中で坂野義光は「海底ハウスを沈設するには、海水の透明度が抜群でサンゴ礁も美しいコスメル島が最適だ」と当たりをつけた。

ところが、再びメキシコシティに戻ってメキシコ国立銀行の頭取に会うと、事態は悪化していた。

頭取は申し訳なさそうに坂野義光に向かって謝った。

「今、メキシコは破産寸前の会社のような経済状態なのです。合作映画は作りたいのですが、われわれに出資できるのは6000万円が限度です」

合作映画の企画はなくなった。しかし、この時の交渉で、坂野義光の国際交渉力は大いに高まった。

《※》
『金曜スペシャル』
1970~1984年に東京12チャンネル（テレビ東京）系列で毎週金曜日に放送された単発特別番組。内容はバラエティや音楽、映画、大型ドラマ、スポーツ、ドキュメンタリーなどジャンルを固定せず制作され、さまざまな世代から人気を呼んだ。

４・監督契約から東宝映像の企画部長へ

メキシコから日本に帰国した坂野義光を待っていたのは東宝映像の社長、西山宏からの呼び出しだった。

当時の年間映画観客動員数は最盛期の５分の１以下である２億人を割っていた。東宝映画の製作本数は６本、東宝の年間配給本数は18本。撮影所はヒマを持て余し、スタッフは終日、将棋を差しているような状況だった。

そうした映画の売上減少に対応しようとした東宝は、撮影所の約１０００人の従業員を東宝美術（１９７０年設立）、東宝映画、東宝映像（ともに１９７１年設立）の３つの会社に分割していた。東宝映画は、もっぱら劇場用映画を製作。東宝美術は、映画のセットなどの美術だけでなく、野外・屋内造形から展示、店舗の内装までを担当。東宝映像はテレビ、産業用ＰＲ映画、コマーシャル、イベントなど劇場用以外の映像作品を製作するという割り振りで、「それぞれ自社で生き残れ」という至上命令が出ていた。

東宝映像の社長には１９７５年に田中友幸が就任していた。しかし、１９７８年、東宝映画の社長だった藤本真澄が亡くなって、田中友幸が東宝映像から異動。東宝映画の社長を引き継いだため、東宝映像の社長は元撮影所の技術課長だった西山宏が昇格していた。

坂野義光が西山宏から呼び出された話の内容は、東宝映像の企画部長への就任要請だった。

「映像製作の企画は、全面的に君に任せる」

当時の東宝の副社長、曾雌喬に相談した坂野義光は、「東宝映像は特撮部隊を持っているから、将来、役員プロデューサーとしてSFの合作映画を作る可能性がある」といわれた。

1978年5月、坂野義光は東宝本社との監督契約を解除して、本社の課長待遇で東宝映像の企画部長就任を引き受けた。

監督業を辞めて東宝映像の組織の一員となる以上、会社としての根本的改革をしなければならない。

坂野義光は「社員全員に企画提案のチャンスを与える」、「月1回、一流の講師を呼んで社員教育を行なう」など改革案を西山宏に提示した。また、撮影所と本社のコミュニケーションを良くしようと、東宝映画（野上英雄）、東宝映像（坂野義光）、東京映画（浅野正雄）の3人の企画部長が、東宝本社の配給（堀内實三）、興行（石田敏彦）、宣伝（林淳一）、テレビ（瀬戸勇）の4部長と懇談する昼食会を開催した。

当時、東宝本社の劇場用映画の企画は、外部から持ち込まれた企画を審査する本社調整部のラインと、製作関係である東宝映画、東宝映像、東京映画、芸苑社、青韜社の5つの会社から提出された企画の中から選ぶラインという、2つの仕組みが機能していた。5社がそれぞれ5

本ずつ企画を提出し、計25本の企画を本社の9階会議室で検討する。1978年当時に東宝本社の社長を務めていたのは松岡功で、会議に出席した彼は、企画のひとつひとつについて論評した。

この会議では25本の企画の中から2本を採用し、他の23本は断らなければならない。坂野義光は松岡功の断り方の見事さに感嘆した。

松岡功は関西人ということもあったのか、ひと言でダメとはいわない。ひとつひとつの企画について「かくかく、しかじかの理由で、これは難しいのではないでしょうか」と、不備なところをわかりやすく分析した。その分析は坂野義光から見ても、企画書をよく読み込んでいないとできないもので、理路整然としていて反論の余地がなかった。松岡功は東宝東和の営業部長時代、社長であった川喜多長政のもとで映画興行について、とくに「作品が当たるか当たらないかの見際め」について徹底的に学んでいたのだろう。坂野自身、「映画の生涯打率7割以上というのは松岡功さんと田中友幸プロデューサーしかいない」と考えていた。

坂野義光は会議における松岡功の様子を見て、「これなら東宝の将来は大丈夫だ」とつくづく思った。

一方、坂野義光が企画した3社の企画部長と4社の部長による昼食会は実りの多い会合となった。気を良くした坂野義光が第2回めの昼食会を開催しようとしているところに、思わぬ連絡が入った。昼食会の評判を聞きつけて、東宝映画、東宝映像、東京映画、芸苑社、青鞜社の5つの会社の社長たちが参加を申し込んできたのだ。

社長たちが「出る」というものを断るわけにもいかない。会は現場に近い部長クラスでの昼食会から5社長出席の会合へと変貌し、東宝本社の会議室で開催された。

東宝からは松岡功が出席。そうなると、本社の4部長は気兼ねして、ひと言も発言しない。座がしらける中、青踏社の社長、堀場伸世が松岡功に向って話しはじめた。

「あんたのお爺さんは現場で作る人間をもっと大事にした。あんたも制作側の人間をもっと信用したらどうかね?」

堀場社長のいう「あんたのお爺さん」とは、松岡功の祖父にして東宝の生みの親であり、1950年代前半に東宝の6代目社長に就任していた小林一三のことである。

松岡功はかすかに不快な顔つきをした後、答えた。

「私も、そうしたいんですよ。しかし、昨年の数字を見てください。東宝映画が10億円の赤字。それに対して、本社調整部扱いの映画は20億円の黒字です。今、作る人たちに任せたら、東宝はすぐにもつぶれます」

会議は気まずい雰囲気のままお開きとなり、坂野義光が立ち上げた昼食会は雲散霧消。東宝映像は本社の映画企画に参画するチャンスを失ってしまった。

企画部長として組織の改革を目指しながらも、坂野義光はドキュメンタリーのプロデューサーとしての活動を停滞させせなかった。

1980年、坂野義光は『六機未だ帰らず』という作品を読売テレビで製作することになった。企画の発端は、1979年の終戦記念日の8月15日前後、2週間にわたって大阪大丸の8階で戦争の遺品が展示された『戦争展』だった。坂野義光は会場の一角にあった、来場者が自由に書き込めるノートの中に、ある書き込みを見つけた。

「これを書いている万年筆は、墜落したアメリカ機のパイロットが持っていたものだ。僕の両親は爆撃で殺された。僕は絶対にアメリカを許さない!」

打ち上げの席で坂野義光が広島原爆記念館の館長、高橋昭博にその話をすると、高橋館長は「恨み続けることは、不幸なことです」と語り、被爆者の婦人たちとともにアリゾナの戦没者の慰霊碑を訪れた際のエピソードを話してくれた。

アメリカ人たちは最初、とても冷ややかな目で被爆者たちの一行を見ていた。

「日本人は一方的に原爆投下を非難してばかりいる……」

しかし、ひとりの被爆者の婦人がアメリカ軍兵士の慰霊碑の前で号泣した。婦人の胸には「この1000人を超えるアメリカの犠牲者たちにも、それぞれ妻や子供、両親がいたに違いない」

という思いがこみ上げたのだろう。

その時、アメリカ人の紳士が黙って婦人にハンカチを差し出し、当初の険悪な空気が一変して友好的なものになったという。

「許しがないところに、未来はありません」

高橋館長の言葉に、坂野義光は「これをテレビ・ドキュメンタリー番組にしたい」と考え、読売テレビに企画を持ち込んだ。

しかし、返事はすげないものだった。

「赤紙や鉄カブトじゃ視聴率が上がりません。ゼロ戦でも出てくれれば話は別ですがね」

坂野義光はあきらめず、『戦争展』の主催者であった大阪読売新聞社の社会部部長、黒田清に相談した。

「テレビのやつらは何もわかっとらん！　ゼロ戦も赤紙も同じ重さだ。オレが大丸の社長に金を出させるから、記録映画を作れ！」

終戦直前の1945年、坂野が住んでいた愛媛県今治市はB29の空襲を受け、市街地の80％が消失。爆撃の火の中を実際に逃げ惑った坂野自身にとっても、戦争というテーマは避けて通るわけにはいかない。

坂野義光は愛媛県沖の海底に墜落していた日本海軍の戦闘機「紫電改」を引き上げるドキュ

メンタリーを企画した。終戦の年の7月21日、長崎の大村飛行場を飛び立った23機の紫電改のうち、6機が帰らず、そのうちの1機が瀬戸内海に着水するのが目撃されていたのだ。

坂野義光は引き上げを行なう前に、6人の遺族をインタビューした。

墜落を目撃した農夫は「沈んでいく時、乗っているパイロットが見えました」と語った。乗っていたのは、未帰還機のパイロット6人のうちの誰なのだろう。遺族の妻、母、兄弟たちは「戦争さえなければ、死ぬことはなかったのに……」と涙に暮れた。

水深42メートルの海底に沈んでいる紫電界の水中撮影も行なった。

引き上げ作業に入る直前、船に乗った遺族たちが海面に花束を投げ込むところを、小さなゴムボートから撮影した。菊やカーネーションが波間に揺れていた。

その時、坂野の耳に「バシャーンッ！」という大きな水音と爆発音が響いた。振り返ると、目前に巨大な水柱が立っている。松山から取材のために飛来した報道のセスナ機が目前に墜落したのである。パイロットと記者は殉職。人々は、「英霊に呼ばれたのかもしれない」と語り合った。

『六機未だ帰らず』はテレビ・ドキュメンタリーとして大きな評価を得た。

坂野義光がドキュメンタリーに惹かれたきっかけのひとつとなっている映画がアラン・レネ

監督の『二十四時間の情事』[※]だ。邦題は内容とかけ離れたものになっているが、この映画の原題は『ヒロシマ・モナムール』。広島を舞台に、戦争で心に傷を負った男女のドラマを描いた作品である。原爆がもたらした悲劇をテーマにしたこの映画を観た時、従来のドラマと違った認識や発見を感じ、坂野義光は深く感動した。

坂野義光は現在でも、このレベルの原爆映画を作りたいと『ヒロシマ 白い夏』という企画を準備している。ドラマ部分は大江健三郎著の『ヒロシマノート』のエピソードを発展させたもの。企画そのものは以前から温めてきていたが、東日本大震災に伴う福島原発の事故が発生してしまった今こそ実現させたいと熱望しているのだ。

《※》

『二十四時間の情事』

1959年に公開された日仏合作映画。原題は『Hiroshima mon amour（ヒロシマ・モナムール）』。監督はアラン・レネ。反戦映画のロケのために広島を訪れたフランス人女優が日本人男性と恋に落ちる物語を軸に、原爆被害の惨状を訴え、戦争が個人にもたらす悲劇を描いた名作ドラマで、1959年度カンヌ映画祭で国際映画批評家連盟賞、1960年度ニューヨーク映画批評家協会賞を受賞した。

5：映像表現の可能性を求めて

テレビ、産業用ＰＲ映画、コマーシャル、イベントなど劇場用以外の映像作品を製作する東宝映像の企画部長に就任した坂野義光は、組織の改革ばかりではなく、数々の映像作品の可能性を模索しなければならなかった。

坂野義光がまず意識したのはアニメーションだった。

坂野義光が東宝映像の企画部長に就任した１９７８年に放送されたテレビアニメは『銀河鉄道９９９』、『未来少年コナン』、『野球狂の詩』、『科学忍者隊ガッチャマン』など。前年にも『ルパン三世』、『ヤッターマン』、『あらいぐまラスカル』などの人気シリーズが放映されるなど、アニメの時代が到来しつつあった。

その一方で、坂野義光は東宝映像の企画部長に就任直後、『アンパンマン』の作者として知られる漫画家、やなせたかし[※]に会う機会があった。

「イタリアの田舎の駅を降りると、駅前の本屋に『ハイジ』や『家なき子』の本が平積みになって飛ぶように売れています。それも、幼稚園向け、小学生向け、中学生向けの３種類。これは、日本製のアニメシリーズが放映されているからです」

やなせたかしの言葉を受け、坂野義光が数字的な裏付けを調査してみると、週１回、１年間アニメ番組を放映すると、イタリアやスペインで年間のマーチャンダイジングの売上が1億円を超えるということがわかった。

「世界に最初に売れる日本の映像作品はアニメだ」

そう考えた坂野は東宝本社の事業部と組んで新しいテレビアニメ・シリーズ企画を計画。『未来警察』という企画を推進することになった。さっそく、電通で大会議を開いて、フジテレビの放映枠を押さえる。企画は順調に進行したが、パイロット・フィルムの出来栄えがひどいものだった。

「このまま進めて作品の制作が間に合わなくなり、テレビ放送枠に穴が開くようなことになると、東宝と電通の名前に傷がつく」

テレビ放映は中止となり、東宝本社の出資でとりあえず劇場用作品を製作することになった。製作費は4000万円。スタッフとして東宝映像から劇映画の経験のあるプロデューサー、監督、制作係についてもらっていたのだが、アニメの制作進行は、劇映画の人間にはチェックのしようがない。途中で坂野義光が詳しく調査してみると、資金の8割を使っている段階で絵の2割しかできあがっていなかった。かといって企画を途中で投げ出すわけにもいかない。坂野義光はやむをえずアニメ制作のプロダクションを変え、予算を3000万円追加して作品を完成させた。

この作品は、東京近郊の2館で上映され、東宝本社で損金処理が行われた。企画そのものの進行や結果は失敗といえるものだったが、これがきっかけとなって東宝は『タッチ』、『ドラえもん』など数多くのアニメ作品の製作・配給に関わることになった。

東宝映像としてはテレビ・アニメシリーズを実現させることができなかったが、アニメの単発作品として『オズの魔法使い』や『栄光の背番号3』などを製作した。『オズの魔法使い』は松本正志監督のもと、声優として宝塚のスターに出演してもらった。音楽担当は、久石譲。『栄光の背番号3』は長島茂雄の半生記を描いた半分アニメ、半分ドキュメンタリーの作品で、監督は堀川弘通。日本テレビで放映された。

東宝映像の新たな映像表現を模索していた坂野義光は絵本をスライド化するプロジェクトも起案した。

最初、福音館の社長、松井直に相談すると厳しい答えが返ってきた。

「絵本をスライドにしたってロクなものができないでしょう。やめておきなさい」

あきらめきれなかった坂野義光は絵本の名作『どうすればいいのかな』の作者である渡辺茂男※にプロデュースを委嘱した。

絵本の字を消して、絵だけを撮影し、ナレーションと音楽・音響効果を新しく入れる。数コマ単位で畳み込むテレビのコマーシャルのような映像と音響の手法とは正反対に、ゆっくり、見ている子供の気持ちになって、子供のほうからお話の中に入り込んでいけるような、超スローテンポで運んでいく作り方をした。

試作品は『どうすればいいのかな』、『かばくん』、『グリとグラ』、『スカート、スカート』、『11ぴきのねこ』、『かさじぞう』の6本。

『11ぴきのねこ』の作者である、ばばのぼる※は、自分でナレーションを入れるほどの入れ込みようだった。

『どうすればいいのかな』の朗読は声優で児童文学作家でもある花形恵子。東京都大塚の保育園で試写した時、6歳までひと言もしゃべったことのない子供が、映写終了と同時に大声で「どうすればいいのかな!」と叫んだ。それは、その子が、生まれて初めて口にした言葉だった。園長さんもびっくり。坂野義光は感動を覚えるとともに「映像と音響は、適切な使われ方をすると、こんなにも力があるのか!」と再認識した。

『かさじぞう』の朗読は女優で演出家でもある長岡輝子。この作品を福音館の松井社長に見せたところ、「この出来栄えなら、けっこうです」との評価を得て、福音館の販売ルートに乗せることが決まった。

東宝本社主催で大々的なお披露目の宣伝パーティーを開催しようということになり、坂野義光は神田の学士会館を押さえたのだが、そこで問題が発生した。

監督と作曲家がロイヤリティを要求してきたのだ。坂野自身は日本映画監督協会の会員でもあるので、クリエイターに著作権を認めることには基本的に賛成である。

しかし、ちょうどその時、本社事業部が劇場用映画をビデオ化して一斉に売り出そうとしていたのだ。

「スライドの監督にロイヤリティを認めると、それが前例になって、ビデオが売れた時、すべての映画監督に配分金を支払わなければならなくなる」

そうした事情が働いて『絵本プロジェクト』は中止になってしまった。劇場用映画のビデオやＤＶＤが売れた場合、監督に売値の１・75％が支払われるというルールができたのは、この後のことである。


テレビ用アニメーションや絵本のスライド化といった企画を進めるかたわら、坂野義光は大型映像プロデューサーとしての実績も積み上げていった。

１９８５年に開催された国際科学技術博覧会（通称：つくば博覧会）ではジャパックスという大型映像システムを開発した。

つくば博以前には大型映像といえばアイマックスの独占状態だった。坂野自身、アイマックスのクオリティには感動を覚えていたが、とにかくアイマックスはカメラも大きく、導入にかかる資金も高い。

ジャパックスはカメラ、現像、映写までの70ミリ8パーフォレーションの一貫システムで、最大26メートル×20メートルの大スクリーンに映写することができ、価格はアイマックスの半分以下である。

ジャパックスは、つくば博の政府出展テーマ館と健康スポーツ館で採用になった。テーマ館のコンテンツの監督は大林信彦。健康スポーツ館のコンテンツの監督は龍村仁、そのプロデューサーを務めることになった坂野義光が決定したタイトルは『ブリーズ』。「呼吸をする」という意味で、宇宙の呼吸と人間の呼吸が一致した時、アスリートは最高の能力と美しさを発揮するというエコロジーがテーマだ。

その背景には、アメリカのダラスにあるエアロビクス研究所による運動の数値化があった。エアロビクス研究所はアメリカのパイロットの健康管理機関で、水泳で100メートル泳ぐと5点、ゴルフで1ラウンド回ると2点といった具合にさまざまな運動を数値化し、「1週間に25点の運動をしなさい」という健康の指針も出していた。健康スポーツ館のメインコンテンツは、そうしたエアロビクス研究所の指針を学び、体験できるものとした。

大型映像のほうは1984年のサラエボ冬季オリンピックのスラローム金銀メダリスト、

フィル・メイヤーとスティーヴ・メイヤーという双子の兄弟を主人公にスラロームの試合をドキュメンタリーとして撮影。日本とアメリカの美しい四季の自然とダイナミックなスキーのシーンを織り交ぜた。仕上がり18分間。監督は龍村仁。

アメリカの四季に織り込むべく坂野義光が赴いたニューヨークマラソンの撮影では危機一髪という体験をした。

坂野義光はスタート地点のベラザノ・ナロウズ・ブリッジを正面から撮影できる近くの病院の屋上にカメラポジションをあらかじめ決めていた。しかし、当日は濃霧で、なにも見えない。マラソンは取り直しがきかない。坂野義光はロングショットをあきらめ、沿道からの映像を撮ろうと、急いで長い直線道路脇に移動した。すると、突然、霧が晴れて、先頭が1・5キロほど先に見えた。坂野義光は急遽、ロングショットへの再挑戦を決意。前日に撮影のために借りる話をつけておいた部屋がある道路脇のビルの5階へ駆け上がった。しかし、部屋のドアが開かない。住人がマラソン見物に出かけ、留守だったのだ。坂野義光は隣の部屋のドアをノックし、無理やり頼み込んでベランダに出た。タイミングは、まさにギリギリ。それでも、坂野義光は当初、予定していた正面からのロングショットでカメラを回すことができた。

この時、撮影された映像は1カットに詰め込まれた情報量の多さが圧倒的だ。ランナーたちを正面から望遠レンズで捉えた映像なのだが、それをジャパックスの大型映像で縦18メートル、横23メートルの大画面に映写すると人間の顔が実物大となり、大画面をびっしりと埋める。1000人を超える人々の表情が、ひとりひとり手に取るようにわかる。観客が、どの顔を観るか、映像のどこを観るかが選択できる。それは何度見直しても新しい発見があるということであり、リピーターの増加という効果を生んだ。

健康スポーツ館は評判を呼び、半年間の入場者数は館全体で880万人。つくば博に参加した全パビリオンの中で1位の動員数だった。劇場に入って『ブリーズ』を観た観客も270万人に達する大成功を収め、その後、ジャパックス・システムは各地の博覧会で採用されることとなった。

1988年に岐阜市で開催された「ぎふ中部未来博」※では、坂野義光はテーマ館、中部の産業館のコンテンツ制作を担当した。

中部の産業館ではジャパックスの1台映写による3D立体映画『飛翔ちゅうぶ』を制作した。監督は中野昭慶。スクリーンの大きさは縦6・6メートル、横16メートル。

このパビリオンでは企画段階で資金が乏しく、ギリギリの予算作成を行なった。

坂野義光が提案する。

「コンテンツの予算をこれ以上削るのなら、映写システムを35ミリにすべきです」

代理店だった名鉄エージェンシーも譲らない。

「いや、話題作りのためには、どうしても70ミリを採用したい」

「それならば、この数字は絶対に確保してください」

「了解しました」

何度も交渉を行なった末に予算を決定したにもかかわらず、閉会式の直前になって、坂野義光は名鉄エージェンシーから「契約金を200万円負けてほしい」と申し込まれた。名鉄は地元の代理店なので他にも博覧会協会から多く受注しており、全体で値切られていて厳しい状態にあるので助けてくれという話だった。

「それは約束が違いますよね」

譲らない坂野義光に名鉄エージェンシーは常務取締役が出てきた。

「ぎふ未来博」の当初の入場者数の目標は250万人だったが、半年間で407万人動員して大成功を収めていた。会場はお祭り騒ぎだ。坂野義光にとって、制作スタッフたちが頑張って導いた成功の裏での業者泣かせは許せなかった。映像製作上、倫理的にも納得できるものではない。

「どうしてもというなら、映写機をストップします!」

大騒動にはなったが、最終的に坂野義光は理不尽なダンピングをはねつけた。

テーマ館のコンテンツは岐阜県内の四季の自然と生活を描いた『わが大地』で、監督は松本正志。スクリーンサイズは縦15メートル、横20メートルで、仕上がり20分。

「大型画面では、ゆっくりした前進移動がもっとも効果的」という持論を持つ坂野義光は空撮を多用。高度4000メートルで撮影できるフランス製のヘリコプターを24回飛ばして、富士山と槍ヶ岳がワンショットに入っている画面の撮影に成功した。槍ヶ岳の山頂には米粒のような11人の登山客が立っているのが見え、その向こうの雲海の彼方に富士が頭を出している。

また、1年2カ月をかけて岐阜県の全市町村を取材・撮影。「私の家が写っているわよ」と主婦たちが口コミで宣伝し、友人を連れたリピーターが殺到した。

この『わが大地』を観た、当時の内閣総理大臣、中曽根康弘が発言した。

「このような優れた映画は、ぜひ、外国に紹介しなさい」

その言葉どおり、『わが大地』は1989年、ミラノで開催された『レオナルド・プロジェクト』という特殊映像フェスティバルで上映されることになり、坂野義光はパネラーとして招待されてジャパックス・システムについて講演をした。

「15pのアイマックスより8pのジャパックスのほうが軽便かつ経済的で、解像力もじゅうぶん保てる。今後、より多く使われるようになるに違いない」というのが、坂野義光の講演趣旨だった。

その時、やはり講演者のひとりとしてポーランド出身のズビグニュー・リプチンスキーが出席していた。彼は、幼女から老婆にいたるまでの人間の生涯をマンハッタンのビルを背景にワンカットの横移動ショットで描き出すという、ハイビジョン短篇映画の傑作を監督した人物である。

双方が講演を終えた後、坂野義光がズビグニュー・リプチンスキーに質問した。

「日本では『石にも生命がある』と考えているが、あなたはどう思うか?」

返答は、にべもないものだった。

「石に命なんかあるわけがないじゃないか」

東洋と西洋の自然観の違いについて話し合おうと思っていた坂野義光は落胆した。

「自然を征服することで文明を切り開いてきた西洋人と、自然と調和して生きてきた日本人では、こういう違いがあるのか」

しかし、古い石柱が残る遺跡の中庭で開催されていたランチ・パーティーの時、CBSソニーの副社長が話しかけてきた。

「君は、とても良い質問をした。あいつは何にもわかっとらん」

そして、「ぜひ、私のワイフに会ってくれ」と奥さんを紹介された。

坂野義光は考え方を改めた。

「西洋の人でも、東洋の自然観に理解を示してくれる人は確実にいる！」

8人のパネラーで夕食をともにした時にも印象的なやり取りがあった。

坂野義光が『コヤニスカッツィ』※の監督、ゴッドフリー・レッジオに質問した。

「今村昌平監督の『黒い雨』は、カンヌ映画祭のパルム・ドールを取ったのだろうか？」

ちょうど、その前日がカンヌ映画祭の授賞式だったのだ。

「だめだめ、審査委員長がアメリカ人だから、原爆の話はご法度さ。受賞者は、彼だよ」

ゴッドフリー・レッジオは坂野義光の左隣に座っていた男を指差した。その席では『セックスと嘘とビデオテープ』の監督で、28歳になったばかりのスティーブン・ソダーバーグが黙々と食事をしていた。この時の縁で、ソダーバーグはレッジオ監督の第3作『ナコイカッツィ』の製作総指揮を担当することになった。

1991年、新日鉄が北九州市に「宇宙」をテーマにした遊園地「スペースワールド」をオープン。坂野義光はテーマ館の4つのアトラクションのプロデューサーを担当した。総製作費は18億円。その中のひとつが『プラネット・クルーズ』だ。

コンテンツの内容は「宇宙基地から飛び立って、金星や火星を見て帰ってくる」という映像シミュレーション。観客は24人乗りの3台の宇宙バスに分乗する。それぞれのバスの先端にはキャラクターの違うロボットが1体ずついて、掛け合い漫才のように語り合いながら観客を誘導する。出発すると天井が割れて開き、猛スピードで宇宙へ飛び出していく。客席は船のように揺れる。出発から帰還まで10分の映像アトラクションだ。

坂野義光は、この映像コンテンツの製作費だけに3億円をかけ、すべて特撮で撮影した。これは一見、とても大きな予算のように見えるが、この映像アトラクションは15年間使われたので、じゅうぶん元を取ったといえる。

入場人員を試算すると、以下のようになる。

1台の宇宙バス船の席数は24人、3台で72人。

15分で入れ替え。1日10時間営業。1日上映回数、40回。

1日入場可能者数、2880人。

1年入場可能者数、105万1200人。

15年間の入場可能者数、1576万8000人。

稼働率50％として、788万4000人。15年で800万人近くの人が観た計算になる。何度見ても飽きない、密度の濃いコンテンツを作れば、大型映像はビジネスになるというモデルケースだ。

この『プラネット・クルーズ』の実績と、横浜博'88の三菱未来館で上映された『イマジネーション』の成功が、後にハリウッド版『GODZILLA』の母体となる大型映像による『ゴジラ』企画推進のインセンティブになった。

《※》

やなせたかし
1919～2013年。漫画家、絵本作家、詩人。
東京都北区に生まれ、父親の死去後、高知県南国市に移住。官立旧制東京高等工芸学校図案科（現：千葉大学工学部デザイン学科）を卒業後、田辺製薬宣伝部に就職。終戦後、高知新聞に入社。1947年に上京して三越宣伝部でグラフィックデザイナーとして活動するかたわら精力的に漫画を描きはじめる。1953年、三越を退職し、専業漫画家となると舞台美術制作や放送作家としても活躍。1961年には『手のひらを太陽に』の作詞も手掛けた。1973年には雑誌『詩とメルヘン』を立ち上げ、1969年に発表した『アンパンマン』を子供向けに改作。当初は評論家や教育関係者、保護者からバッシングを受けたが幼児層から絶大な人気を得た。晩年は多くの病気を患いながらも漫画家、絵本作家、詩人として活躍。東日本大震災復興にも精力的に活動した。2013年、心不全のため死去。享年94歳。

渡辺茂男（わたなべ　しげお）
1928～2006年。児童文学者、翻訳家。
静岡県葵区に生まれ、慶応義塾大学文学部を卒業後、アメリカのウェスタンリザーブ大学大学院を修了。ニューヨーク公共図書館児童部勤務を経て、慶應義塾大学文学部図書館学科のの教授を務めた。『しょうぼうじどうしゃじぷた』、『寺町三丁目十一番地』などの創作のみならず、『エルマーのぼうけん』、『どろんこハリー』、『ぞうのホーントン』、『ドクタースース』、『おさるのジョージ』といった海外の名作児童文学を翻訳、紹介したことでも知られる。2006年、出血性脳梗塞のため死去。享年78歳。

ばばのぼる
1927~2001年。漫画家、絵本作家。
本名、馬場登。青森県三戸郡に生まれ、1944年、土浦海軍航空隊に入隊。特攻隊員に選ばれるが終戦。リンゴの行商人、開拓農民、大工の見習い、代用教員などの職を転々とした後、1949年、疎開中だった児童文学者、白木茂と知り合い、ともに上京。1950年、野球漫画『ポストくん』で漫画家としてデビュー。手塚治虫、福井英一とともに「児童漫画界の三羽ガラス」と呼ばれた。1968年、『11ぴきのねこ』を発表し、絵本作家としても広く知られるようになった。2001年、胃がんにより死去。享年73歳。

ぎふ中部未来博
1988年に岐阜県岐阜市で開催された博覧会。テーマは「人がいる、人が語る、人が作る」。入場者数は当初250万人と予想されたが、結果的には予想を大きく上回る407万人を記録した。

『コヤニスカッツィ』
1982年にアメリカで製作されたドキュメンタリー映画。監督はゴッドフリー・レッジオ。タイトルの「コヤニスカッツィ」とは「常軌を逸し、平衡を失った世界」という意味のホピ族の言葉。ナレーションやセリフは一切なく、音楽だけをバックに流しながらアメリカの都市風景や自然景観のスローモーション映像や微速度撮影映像が映し出されるという斬新な演出で話題を呼んだ。続編として1988年に『ポワカッツィ』、2002年に『ナコイカッツィ』が製作されている。

6：将来への夢

東宝映像の企画部長に就任し、組織の改革ばかりではなく数々の映像作品の可能性を模索していた頃から、坂野義光には胸に抱いていることがある。それは、日本映画を活性化させるために、東宝撮影所の中に映画学校を作るということだった。

テレビの普及で日本より10年早く危機的状況に陥ったアメリカの映画界は、それを回復しようとニューヨークとカリフォルニアの一流大学で映画学科をスタートさせた。「映画の人材を育てるためには、本格的な教育機関が必要だ」と考えたからである。後にハリウッドの隆盛をリードすることになったジョージ・ルーカス、スティーブン・スピルバーグ、フランシス・フォード・コッポラらは、それらの大学の第1回卒業生である。彼らは『七人の侍』を繰り返し観て成長したので、今でも黒澤明を師と仰いでいる。

「それなのに、なぜ、日本に、少なくとも東宝に映画学校がないのか？」

そう考えた坂野義光は映画学校設立のための企画委員会を発足させた。

東宝から監督の吉松安弘※、新東宝から監督の山際永三※、日活から監督の千野浩司、松竹からカメラマンの成島統一郎といったメンバーに月1回、半年間にわたって集まってもらい、カリキュラムを作成した。

生徒数は、監督、シナリオ、撮影コースが計50名。俳優コースが３５０名。総勢４００人の映画専門学校である。

坂野義光は本社の演劇部、宝塚とも調整し、1億６０００万円をかけて撮影所内に2階建ての校舎を建てる計画書をまとめ、東宝本社に提案した。

東宝社長の松岡功はカリキュラムを見て、賛同の意を表した。

「これだけの先生の半分以上が賛同してくれれば、いい学校になるでしょう。まだ決定ではないが、とりあえず当たってみてください」

力づけられた坂野義光は講師の候補者たちに交渉を開始すると、80%の先生方がＯＫの返事をくれた。

しかし、理事長に予定していた人物が責任を回避したことにより、残念ながら計画は潰れてしまった。

「東宝がダメなら、自分でやるしかない」

当時、東宝映像美術の常務を務めていた坂野義光が、そこを辞任して始めたのが「ミロシティ計画」である。

「ミロシティ」は「Miraculo-Insutituta Lucis et Obscurae」というラテン語の頭文字をとったもので、直訳すると「光と影の奇跡の学園」。コンセプトは「映像情報都市」だ。

出発点は「日本に国際映像大学を作ろう」という考えだったのだが、学校だけでは採算が取れない。

そこで、坂野義光はディズニーを超えるクリエイティブな新しいテーマパークも同時に実現させようという方向に狙いを定め、「ミロシティ」は以下の5本の柱で構成することにした。

1. 世界映像センター
2. ミロ・スタジオ
3. ミロ・パーク
4. 国際映像大学
5. ミロ・ビレッジ

この「ミロシティ」が企画されたのは1994年。まだブロードバンドという言葉が普及していない時期だったが、そのコンセプトは以下のように時代を先取りしたものだった。

「大容量情報処理技術の著しい発達による映像情報のデジタル化が進展している中で、マルチメディアやハイビジョン技術などを駆使して、教育・産業映像、エンターテイメント映像、生活情報映像から芸術映画まで、ミロシティは映像製作を一大産業に育てあげていくうえで、そのさきがけの役割を果たす」

坂野義光は企画書を持って、つくば博の常務理事を担当していた梅澤邦臣に相談に行った。※

梅澤邦臣は科学技術庁の初代事務次官で、日本の科学技術の最先端をリードし、宇宙開発、海洋開発から日本各地に工業団地を展開する「テクノポリス構想」推進のキーマンであった人物だ。

梅澤邦臣は計画に賛同した。

「チャチなことはやるな。総工費が3000億円以上ならGOだ！」

坂野義光は約100人からなる会員を組織し、10年間に98回の研究会と5回のシンポジュウムを開催した。

1995年には3カ所の候補地が出てきて実現直前にまで漕ぎつけたが、バブルがはじけて壮大な夢は実現に至らなかった。

2002年に開催した第5回シンポジュウム『ブロードバンド時代と黒澤明』では、黒澤プロダクションの了承と文化庁の後援を得て、ブロードバンド配信による『季刊KUROSAWA』を出版しようとする動きもあったが、資金が集まらず計画倒れとなった。

それでも、坂野義光の信念は変わらない。

「日本の映像制作が海外に負けないレベルで発信していくためには人材を育てる必要がある。そのためには、本格的な教育機関が必要なんだ！」

「ミロシティ」構想は当時から現在に至るまで、さらには将来への夢として、坂野の胸に抱かれている。

《※》

吉松安弘（よしまつ　やすひろ）
1933年〜。映画監督、脚本家。
東京都で生まれ、東京大学教育学部を卒業後、東宝撮影所に助監督として入社。黒澤明監督の『用心棒』で助手、岩内克己監督の『若大将対青大将』で助監督などを務めた後、1973年、『さえてるやつら』で監督デビュー。脚本家、ノンフィクション作家としても著作を発表。帝京大学短期大学情報ビジネス学科教授や日本映画監督協会理事などを歴任した。

山際永三（やまぎわ　えいぞう）
1932年〜。映画監督、演出家、評論家。
兵庫県神戸市に生まれ、福島県に疎開、東京に転居した後、慶応義塾大学文学部フランス文学科を卒業。新東宝映画製作所に入社後、内田吐夢監督の『たそがれ酒場』で助監督を務め、石井輝男らに師事した。1961年に新東宝が倒産した後、大宝が配給した『狂熱の果て』で監督デビュー。1964年以降は国際放映の専属として多くのテレビ映画を監督。脚本家の市川森一、TBSプロデューサーの橋本洋二と並んで「一二三トリオ」と呼ばれ、『コメットさん』などの人気作品を世に送り出した。また、『帰ってきたウルトラマン』、『ウルトラマンA』、『ウルトラマンタロウ』、『ウルトラマンレオ』などでも数多くの作品を監督している。

梅澤邦臣（うめざわ くにおみ）
1916年～2006年。科学技術系の官僚として文部科学事務次官や原子力安全技術センター理事長などを歴任。兄はペニシリンやストレプトマイシンなど抗生物質の研究で世界的に知られる梅澤純夫。

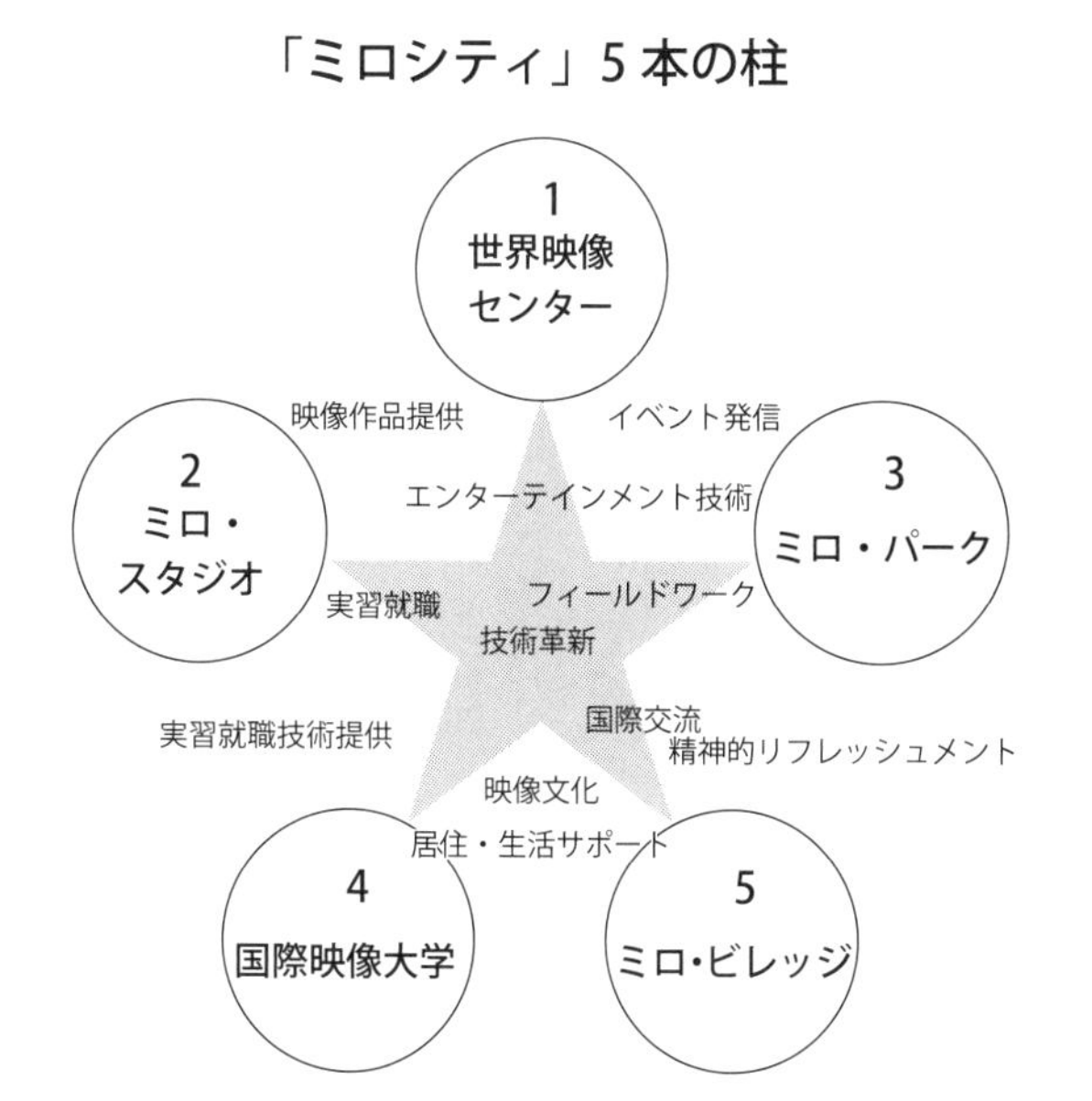

ミロシティ映像情報都市研究会　シンポジュウム及び月例研究会の記録

シンポジュウム	場所	開催日
第1回　「映像人材作りの新世紀」	千代田放送会館	１９９４年10月14日
第2回　「映像情報都市の可能性を考える」	千代田放送会館	１９９５年６月23日
第3回　「映像情報と新首都つくり」	千代田放送会館	１９９６年11月１日
第4回　「超情報化都市への提案」	千代田放送会館	１９９７年10月16日
第5回　「ブロードバンド時代と黒澤明」	ＴＥＰＩＡ　ホール４Ｆ	２００２年11月12日
発表会	場所	開催日
第1回　「ミロ・デジタル自分史」作成講座	ビクター・ニツパーズ・ギンザ	１９９９年３月19日
第2回　「ミロ・デジタル自分史」作成講座	早稲田大隈講堂小ホール	１９９９年９月14日
第3回　「ミロ・デジタル自分史」作成講座	柏市中央公民館	１９９９年12月１日
第4回　「ミロ・デジタル自分史」作成講座	デジタル・カッフェ吾妻橋	２０００年３月11日
第5回　「ミロ・デジタル自分史」作成講座	早稲田小野講堂	２０００年９月15日
第6回　「ミロ・デジタル自分史」作成講座	早稲田１０１番教室	２００１年９月15日
第7回　「ミロ・デジタル自分史」作成講座	早稲田教室	２００２年９月16日
説明会	場所	開催日
第1回　「ミロ・デジタル自分史」説明会	日本福祉大学半田キャンパス	１９９９年10月16日
第2回　「ミロ・デジタル自分史」説明会	シニア・ネットワーカーズ・コンフェランス	２０００年10月５日
第3回　「ミロ・デジタル自分史」説明会	日本自分史学会	２０００年12月３日

月例研究会	テーマ	講師	肩書
第1回	「映像ソフトの将来」	白井隆	映画監督
第2回	「実用映像の未来」	大沢章久	マルチメディアプランナー
第3回	「蕨からジェラシックパークへ」	丹羽清一郎	株式会社アスキー顧問
第4回	「デジタル映像の可能性」	松島秀行	システム・プロデューサー
第5回	「大型映像の国際戦略」	坂根進	大型映像プデューサー
第6回	「映像情報都市の可能性」	伊東敏雄	建築家 ㈱山下設計常務
第7回	「マルチメディアソフトの方向性」	五十嵐由光	日本開発銀行企画部
第8回	「映像のデータベース戦略」	新藤健一	写真家／共同通信社
第9回	「ミロシティ構想」	高畠久	映画プロデューサー
第10回	「大型映像の事業化戦略」	坂野義光	ミロシティ研究会専務理事
第11回	「デジタルと映画」	為ケ谷秀一	NHK放送技術局
第12回	「日本オリジナルテーマパーク」	中村かつろう	アミューズメントプランナー
第13回	「ミロシティ・プロジェクト」	伊東敏雄	建築家 ㈱山下設計常務
第14回	「衛星放送の現状と将来」	杉山隆二	共同通信社編集委員
第15回	「マルチエンターテインメント・ビジネス」	根本祐二	日本開発銀行 企画部
第16回	「マルチメディアの展望と虚実」	前沢哲爾	電子映像ディベロッパー
第17回	「インターネットについて」	松島秀行	システム・プロデューサー
第18回	「ミロ・ビレッジの理念」	伊東敏雄	建築家 株式会社山下設計常務
第19回	『際』の時代と教育の課題」	三好義光	教育事業家
第20回	「エコシステムとミロシティ』	石村隆太郎	日本興行銀行

回	テーマ	講師	肩書
第21回	「映画プロデューサーのあり方」	高畠久	映画プロデューサー
第22回	「ミロシティ映像情報都市の展望」	小西昭典	株式会社Kファクトリー社長
第23回	「ライトアートと空間表現」	ヤマザキミノリ	ライトワーク・プランナー
第24回	「映像と著作権」	杉政静夫	弁護士
第25回	「大田区の生活とマルチメディア」	田中常雅	株式会社醍醐建設社長
第26回	「サテライトと映像」	久津正行	衛星通信スペシャリスト
第27回	「映像情報都市と新首都移転」	伊東敏雄	建築家／株式会社山下設計常務
第28回	「マルチメディアソフトの国際戦略」	田中裕之	映像プロデューサー
1	テーマ	講師	肩書
第29回	「新首都移転の可能性について」	八幡和郎	通産省大臣官房　情報管理課長
第30回	「マルチメディアの将来と通産省の役割」	富田健介	通産省機械情報産業局／新映像情／報室長兼マルチメディア室長
第31回	「都市のフラクタル未来像の展望」	伊東敏雄	建築家／株式会社山下設計常務
第32回	「21世紀のマルチメシアソフト」	白根禮吉	多摩美術大学教授
第33回	「新映像産業とNTTの展望」	永井直正	NTT総合システム営業部長
第34回	「インターネット最前線」	松島秀行	システム・プロデューサー
第35回	「ミロシティ映像 虚像から実業へ」	大沢章久	マルチメディア・プランナー
第36回	「マルチメディア時代の人づくり自分づくり」	横山征次	デシタルトウキョウ株式会社 社長
第37回	「イマジニアリング・この知られざる未到の世界」	寺井精英	財団法人海洋都市開発研究会 理事長

回	テーマ	講師	所属
第38回	「市民・行政・企業のパートナーシップ社会に向けて」	瀬古一穂	財団法人世田谷コミュニティ振興財団／生活工房総括デルタター
第39回	「中央省庁の意志決定システムと地方自治体の発想と工夫」	星直樹	千葉大学助教授
第40回	「国際産業文化ビレッジ構想」	田中常雅 前澤　哲爾 村井　克則	株式会社醍醐建設社長 電子映像ディベロッパー 日本ビクター株式会社映像ソフト事業部
第41回	「マルチメディア時代のコンテンツ」	鹿野谷武文	日本マルチメディア・ネットワーク協会代表
第42回	「ミロ・マンダラ～超仮想都市としてのミロシティ」	伊東　敏雄	建築家 株式会社山下設計常務
第43回	「日本林業の活性化と地域おこし」	福井　武	環境NGO・アジアの森を考える会事務局長
第44回	「『映像自分史カルチャーセンター』の事業化」	丹羽靖一朗	映像ソフトディベロッパー
第45回	「チャントシタビデオハドウヤッテ作ルノデスカ?」	長手源三郎 澤田　芳郎	放送作家 愛知教育大学助教授
第46回	「映像制作とビジネス」	岡泰淑	映画監督
第47回	「マルチメディアのビジネスへの応用」～高精細映像（ＳＨＤ）のデモンストレーション～	永井正直	ＮＴＴ関東法人部営業本部 部長
第48回	「『マイ・ライフ』～ミロ・デジタル自分史プロジェクトの推進～」	坂野義光 丹羽靖一郎	映画監督 映像ソフト・ディベロッパー
第49回	「映像情報ネットワークビジネスの将来」	山本裕平	株式会社IMAGICAインターネット企画室

	～株式会社IMAGICAにおけるMARIB開発の事例～		
第50回	「MPEGカメラの開発と日立のマルチメディア戦略」	毛利勝夫	株式会社日立製作所情報メディア開発本部／マルチメディアシステムセンター主管技師長
第51回	「ケーブルテレビのインターネットビジネス」	角田兼久 本田孝之 黒澤弘 水野重満	マイ・テレビ㈱専務取締役 同通信システム部 クロスビームネットワーク株式会社インターネット事業部 NHKソフトウェアCATV事業部 CATVnow編集長
第52回	「最先端ハイビジョン・デジタル画像処理システム～BOX3～」	中村修三	株式会社ネスト顧問
第53回	「映画の感動について」	坂野義光	映画監督
第54回	「『ミロ・シネクラブ』の発足について」	大沢章久	マルチメディアプランナー
第55回	「『吹上学国幼稚園』の設立」～子供たちの心の輝きを求めて～	松尾隆	新経営研究所代表
第56回	「私の映画論」～私の黒澤明論～	半澤健一	エコノミスト
第57回	「『ミロ・デジタル自分史』カルチャーセンターの報告」	丹羽靖一郎	映像ソフトディベロッパー
第58回	「個人及び文化メディアとしての映画」	マレック・カミンスキー	人類学フィルム作家
第59回	「『次世代都市社会』の具体的展開」	神矢有昭	建築家

第60回	「千代田スーパーシティ構想について」	伊東敏雄	建築家／株式会社山下設計常務
2	テーマ	講師	肩書
第61回	「自分史づくりと生涯教育」	近藤真司	生涯教育アドバイザー
第62回	「映像リッチなミロ自分史の制作手法」～MPEGカメラを駆使したCD?ROM制作～	毛利勝夫	株式会社日立製作所事業本部主幹技師長
第63回	「第6のメディア産業の創出」	高野雅晴	株式会社DVL企画部長
第64回	「デジタルの夢」～Boys be ambisious～緊急課題としてのメディアリテラシー向上～	和久井孝太郎	メディア総合研究グループ代表
第65回	「シルバーマーケットとマルチメディア」	小島豊美	マルチメディア・プロデューサー
第66回	「中学生のデジタル表現」	楚阪博	荏原第三小学校 校長
第67回	「画像活用マンマシンインターフェイスについて」	葛貫壮四郎	株式会社日立製作所日立研究所情報制御第1研究部画像処理グループ技師
第68回	「映画製作の現実とヴィジョン」	高畠久	映画プロデューサー
第69回	「海洋ドキュメンタリーの魅力」	坂野義光	映画監督
第70回	「郊外型マルチプレックスシアターの現状と展望」	安道肇	株式会社ワーナーマイカル 広告事業部長
第71回	「日本の3D制作現場」	坂井常雄	株式会社ディ・ストーム代表取締役 社長
第72回	「千代田区スーパーメディア構想」	伊東敏雄	株式会社山下設計 専務取締役
第73回	「デジタル技術と短編映画の興隆」	松島秀行	システム・プロデューサー

第74回　「マルチメディアによって蘇らせた東洋の理想郷ー杭州西湖」	陳玲	デジタル・アーティスト
第75回　「アニメーション・ペイントソフトの紹介」~AURAを中心として~	寺崎逸子	株式会社ディ・ストーム　AURA担当
第76回　「1．二本の放浪芸とは何か　2．映像と音について」	市川捷護	映像プロデューサー
第77回　「シナリオ・アナリスト育成の実際」	岡田勲	シナリオ・アナリスト
第78回　「70ミリ大型映像世界戦略の展望」	坂野義光	映画監督
第79回　「欧米における生涯学習ー自分史の研究」	宮川正裕	経営・法務コンサルタント
第80回　「DVDカメラ等デジタル先端機器の『ミロ・デジタル自分史』への応用」	毛利勝夫	株式会社日立製作所日立研究所デジタルメシアグループ主管技師長
第81回　「映像と音楽の考察」	山根秀春	映像・音響プロデューサー
第82回　「テレビをめぐるアレコレ」	大野照夫	映像プロデューサー
第83回　「経済産業省から見た最近のコンテンツ動向」	梶山正司	通称産業省商務情報政策局文化情報産業課（メディアコンテンツ課）
第84回　「ISP事業者のブロードバンド番組提供の実践」	野上真果 大瀬康介	プロデューサ兼監督 ブロードバンド映像製作者兼役者
第85回　「ブロードバンド時代のコンテンツ流通」	寺本雅夫	グローバルアクセス株式会社
第86回　「三菱商事の取り組むMobileASP事業」	鈴木修太	三菱商事株式会社通信ユニット担当
第87回　「感性の社会インフラをデザインする」	竹村真一	東北芸術工科大学教授

第88回	「脳内イメージとコンピューター」	苫米地英人	コグニティブリサーチラボ株式会社社長
第89回	「世界自然・野生生物映像祭とミニシアター上映運動」	太田裕久	地球映像ネットワーク代表
第90回	「最先端研究と創造性教育の場としてのテーマパークの可能性」	生田幸士	名古屋大学大学院教授
第91回	「優れた映画って何だろう」~やぶ睨み映画評論技法~	大沢章久	マルチメディアプランナー
第92回	「黒澤明デジタルアーカイブ・プロジェクトについて」	西口勇	黒澤明デジタルミュージアム・コンソーシアム副代表
第93回	「素人だから出来るのだ!」	後藤富雄	エンジニア・コンサルタント
第94回	「グローバル文化産業と文化政策:ハリウッドとヨーロッパ」	河島伸子	同志社大学経済学部・助教授
第95回	「五感の音楽」	佐藤慶子	作曲家
第96回	「CGキャラクター制作とNETキャラクタービジネス」	勝野明彦 ソネハチ	Poligons Inc.代表取締役 CG人形師
第97回	「ブロードバンド時代の黒沢明」	シンポジュウム	
第98回	「アメリカにおける映像未来像の展望~SIGGRAPHを中心として~」	中嶋正之	芸術科学海・会長

7：若き後輩たちへのメッセージ

国際映像大学構想が実現しない中で、坂野義光は1999年から2年間、女子美術大学の常勤講師を勤めた。

大学時代、自分がものごとを理解していないのに教えるなんておこがましいと考えて教員過程の単位は取っていなかった坂野義光だったが、「理屈ではなく体験談を語ってよい」という条件を提示され、「自分の体験をもとに、学生たちに自分なりのメッセージを伝えたい」という思いから引き受けた。

講座名は「映像論」。90分授業を年間24回。学年は問わず、1年生から4年生まで、約200人の生徒を前に講義をした。

90分のうち、15分ずつ2回、映像もしくはパソコンによるスライドショーなどを見せた。助けた赤ん坊クジラが2日後にサメに食われて死んでいたドキュメントは「こんなドキュメンタリーがあるのか！」と生徒たちの大きな共感を呼んだ。

坂野義光の講義は試験がなく、採点は課題図書の感想文作成と、漫画、絵、イラスト、ビデオ、パソコンなど手法は問わず、自己表現としての小作品の提出によって評価した。課題図書は『モーツァルト（小林秀雄著）』、『クレーの日記（ポール・クレー著）』、『カラマーゾフの兄弟（ドストエフスキー著）』、『何故いま青山二郎なのか（白洲正子著）』、『子供の宇宙（河合隼雄著）』だった。

未来を担う若きクリエイターたちに、２０１６年現在、85歳を迎えた坂野義光が望むことがある。

それは、「日本国内だけを意識していたのでは未来が開けない。外国の人たちにもアピールできる視点を持ってほしい」ということだ。

坂野義光はある日、東宝時代の2年後輩にあたる出目昌伸監督の『俺たちの荒野』を劇場に観に行った。良質な青春映画だったのに映画館にいた観客は50人。

「このレベルの作品をこのレベルの予算で作るのでは商売にならない」

一方で、外国に通用する日本の映像コンテンツはＳＦかドキュメンタリーである。ホラーも一時期、人気を呼んだが、なかなか続いてはいない。

そうした状況の中、日本が海外に発信できるコンテンツとして坂野義光が考えているのは「東洋的なものの考え方」である。

坂野義光は語る。

「水中撮影で世界のさまざまな場所に行きましたが、日本に帰ってくると、つくづく思うんです。日本ほど地勢学的に恵まれたところはない、と。最近の考古学的発見により、日本では4000年前の縄文時代に漆器がすでにあったということが判明しました。また、縄文時代の墓からは戦闘による傷を負った死体は発見されていません。太古の昔にマンモスを追ってシベリアから日本へやってきた縄文人の祖先たちは、木の実やサケなど、豊かな山海の産物に溢れた北日本の自然に巡り会って、もう殺し合いをしなくてもすむことを発見したと思うんです。古代の日本の神は、天空から高い山や木を伝わって地上に降り、再び宇宙へ帰っていきます。古代の日本人は、自然を崇め、自然と調和して生きるすべを知っていた。この精神を環境問題へのアプローチとして、また、ライフスタイルとして、日本から世界へ伝えていく時が来たのではないでしょうか」

アメリカ映画の世界的隆盛の出発点は、100年前にアメリカがヨーロッパに対するコンプレックスを払拭し、立派な国民であることを認めさせるため、国家戦略のツールとして映画を選択したところから始まっている。

日本は源氏物語以来、1000年を超える世界に類のない豊かな伝統文化を持っている。また、日本人が持つ「自然と調和して生きる」というメッセージはアジア圏共通の概念でもある。

坂野義光は「21世紀は日本が国家戦略としてアジアの国々と協力し、『自然と調和して生きる』という考え方を世界へ発信していく時代だ」と確信している。

2016年現在、坂野自身にはハリウッド版『GODZILLA』の第2作、第3作のエグゼクティブ・プロデューサーという仕事が待っている。しかし、85歳を迎えながら、その胸に抱いている夢は多い。

『ゴジラ対ヘドラ』の続編も、そのひとつだ。

福島原発は、今でも放射能の汚染水を垂れ流している。この深刻な環境汚染のために「ヘドラⅡ」が出現するという『ゴジラ対ヘドラ』の続編の劇映画企画を立案している。福島原発の事故に対して日本人がどのように対応するかを世界が注視している現在、日本人の映画監督として実現させる義務があると考え、計画を進めているのだ。

坂野義光は現在も企画中の作品を抱いて、その実現に奔走している。そんな坂野義光が「世界に売れる企画素材」として準備してきたもののタイトルを列挙してみよう。

1.『ヒロシマ　白い夏』

原爆による白血病で余命2年と宣告された青年が懸命に生きる恋物語。その子を宿した娘と子供の将来は？

2.『源氏 光の君 3D』

『源氏物語』を現代のロック・ミュージッシャンやハリウッドのスーパースターを起用してミュージカル化する。「父と子の許し」というテーマが1000年の時を超えて交錯するストーリー。

3.『ジュエラーズ 3D』

深海底に住む宇宙人「ジュエラーズ」が、超先端科学技術で環境問題を解決してくれる。オニヒトデが巨大化した「ゲシラ」と、ウサギウミウシのキャラクター「ウミン」がアイマックス画面で大決闘！

4.『鋲（びょう）』

グラマンの機銃掃射で妹を撃たれた少年が進駐軍の少女を恨み復讐するが……。日本版『禁じられた遊び』の感動篇。シナリオ・成島東一郎、監督・深田晃司。

5.『りゅうぐう ナウ』

海底ハウスに住む海洋生物学者のファミリーと海の生き物たちとの交流。人一倍海を愛した父が自己過信からクジラに跳ねられて死に至る姿を少年の目を通して描く。

6.『青髭候の城』
ベラ・バルトーク作曲のオペラ『青髭候の城』を世界一流のアーティストを起用してアイマックスの大画面で映像化し、映画史に残る最高峰の芸術作品を実現する。

7.『ノア　2100』
謎の氷惑星の衝突を予測して三河湾から10万人が居住できる巨大海上都市が出港する。半年かかって太平洋を一巡する間に出会う危機と冒険の数々。帰ってきた懐かしの故郷では、金の鯱鉾が波に洗われていた……。1時間ものの全13話で構成される3D－SFドラマ。

8.『モルク』
人工冬眠から蘇った未来のヒットラー「モルク」を倒すにはただひとつの方法しかない。それは……。感動的SF作品。

9.『クジラを追って』

ベーリング海からメキシコへの4000キロを回遊するコククジラを、ウインド・サーフィンで追跡する若いカップルの近未来ドキュメント・ドラマ。70ミリ・アイマックス3D映画。

坂野義光は語る。

「これら企画の中で、詳しい内容を知りたいという方には、企画資料をお送りすることができます。もし、企画実現に力を貸していただける方がいらっしゃれば、名乗り出てください」

映像表現の分野は幻燈や手回しスリットアニメーションから始まって8ミリ、16ミリ、35ミリ、70ミリ、アイマックス、デジタル、ハイビジョンへと大きく進化、変貌してきた。

坂野義光は現在でも、その進化をしっかりと受け止めている。

たとえば、建物に映像を投影するプロジェクションマッピングについては次のように語る。

「なんとか活用したいですね。せっかく開発された大型映像ですから。でも、道路交通法の問題もあったりするので、社会的な認知も、もう少し必要ですよね。一般のドライバーが驚いたりしますから。技術的には、現時点では、周囲の光量との兼ね合いでシャープネスが確保しにくいですね。そのぶん、中身を作るのが難しいですが、もちろん、そこは工夫次第だと思います」

さらに、坂野義光は続ける。

「画像のシャープネスという点では、『初音ミク』のライブステージは面白いですよね。半透過スクリーンを使った映像ですけど、ホログラフなどと同じような感覚で。こうした新しい映像技術には、大きな可能性を感じています」

大学時代に「生きることは表現だ」と目覚めて演劇、映画の世界に身を投じ、黒澤明はじめ巨匠たちの薫陶を受け、大型映像のパイオニアとして数々の博覧会を成功に導き、現在、ハリウッドでエグゼクティブ・プロデューサーを務める坂野義光。その腕には常に数々の企画書が携えられていて、実現のために世界各地を訪ねる日々を過ごしている。

85歳にして現役の映像クリエイター、坂野義光。

彼は、かつて自らが飛ばした大怪獣のように、今も未来に向かって飛翔している。

あとがき

板野義光

「横井小楠は日本の未来の目標として『富国・強兵・士道』と語った。しかし、日本は明治から100年、『富国・強兵』には成功したが、『士道』を見失ってしまった」というのは、小渕恵三氏が総理になった時の言葉である。

小楠は、勝海舟が評価し、坂本龍馬の師匠格の幕末10傑のひとりで、私の曽祖父にあたる。

『士道』すなわち『武士道』の精神性を見失ったということは、深い思いやりの心がなくなったということではないか。

朝日新聞社が出版している雑誌『アエラ』の2013年12月13日発行の記事の中に、クリスタリナ・ゲオルギエヴァ欧州連合委員会委員（国際協力・人道支援・危機対応担当）が東北の被災地を訪れた時の言葉が載っていた。

クリスタリナさんが、被災者の女性に訊いた。

「いちばん、つらかったことは何ですか？」

「今、私があなたに何のおもてなしもできないことです。来てくださって、ありがとう」

その返事は『残酷飢餓大陸』取材の時、私がサハラ砂漠で経験したことと全く同じだ。

それはニジェールの首都ニアメイ郊外の難民キャンプで、4日間水しか飲んでいない女性がいった「おまえに何のもてなしもしてやれないのがとても悲しい」という言葉を、まざまざと思い出させてくれた。

それが文化だ。

深く感銘して、アフリカの体験談を手紙に書いてクリスタリナさんに送ったところ、「思いやりの心が地球を救う」という趣旨の丁重なお返事をいただいた。

自分だけが正しいと信じ、相手を許さず全面的に否定するところから、いさかいが始まる。

今、日本は2020年のオリンピック開催に向けて活気づきつつある。

誘致のプレゼンテーションの成功には『お・も・て・な・し』のキーワードが力を発揮したといわれている。

『お・も・て・な・し』の原点は『お・も・い・や・り』ではないか。

日本から、『お・も・い・や・り』の文化、『慈悲の精神』を発信しよう。

私も、ささやかながら次の世代へメッセージを残したいと思って『ゴジラを飛ばした男』を上梓した。

この書物が、映像文化に携わり、平和を願う人々の役に立つことを願ってやまない。

私は、２０１６年3月30日で85歳になった。

これまでには多くの人々との一期一会があり、たくさんのことを学ばせていただいた。

自分としては、やりたいことを精いっぱいやり、いいたいことをいいながら、これだけの年月を生き続けてこれたのだから、良しとすべきだろう。

クジラやサメの背中に乗ったり、潜水で危ない目にもさんざん遭ったが、運よく生き残ってきた。

いつ死んでもいいと考えてはいるが、まだまだやりたいことがある。

運命が生かしてくれるものならば、１００才まで頑張るつもりである。

今まで出会った多くの人々に、感謝の気持ちを持って、この書を送りたい。

ゴジラを飛ばした男
85 歳の映像クリエイター 坂野義光

2016 年　7 月 30 日 初版発行

著者	坂野義光
発行人	田中一寿
発行	株式会社フィールドワイ
	〒101-0062　東京都千代田区神田駿河台 3-1-9 日光ビル
	電話 03-5282-2211（代表）
発売	株式会社メディアパル
	〒162-0813　東京都新宿区東五軒町 6-21
	電話 03-5261-1171（代表）
印刷・製本所	中央精版印刷株式会社
構成	JUKE 弘井
デザイン	荻窪裕司

落丁・乱丁本はお取り替えいたします。

定価はカバーに表示してあります。

ISBN 978-4-8021-3027-1

Printed in Japan